Johanna Friedl

Kinder setzen GRENZEN Kinder achten

Konzepte und zahlreiche Spiele, die Kindern helfen ihren Körper, ihre Gefühle und Bedürfnisse kennen zu lernen, sich durchzusetzen, aber auch Grenzen zu respektieren

Illustrationen von Sabine Weiss

Ökotopia Verlag, Münster

Impressum

Autorin: Johanna Friedl

Illustrationen: Sabine Weiss

Lektorat: Dagmar Wiltzsch

Satz: Studio Bandur, Beselich

ISBN: 978-3-931902-83-4

3 4 5 6 7 · 13 12 11 10

Inhalt

Vorwort

Lukas will in die Buddelkiste, Sandkuchen backen. Dafür braucht er Eimer und Schaufel. Er sieht sich suchend um. Kein „herrenloses" Handwerkszeug in Sicht. In der Buddelkiste sitzt Lars. Lars hat einen Eimer und eine Schaufel. Lukas geht zu Lars, greift nach dem Eimer und schreit: „Gib her!" Lars denkt gar nicht daran. Er reißt den Eimer an sich und schreit: „NEIN!" Und weil Lukas nicht gleich los lässt, kriegt er zum „NEIN" noch eins mit der Schaufel auf den Kopf. Lukas weint und läuft zu seiner Mama. Die muss ihn natürlich trösten, keine Frage.

Wenn sie gesehen hat, was passiert ist, dann ist das aber auch schon alles, was Lukas an Mitleid erwarten kann. Die Mama wird ihm hoffentlich sagen, dass er Lars hätte fragen sollen, ob sie nicht zusammen spielen könnten.

Wenn die Mama aber das Geschehen nicht beobachtet hat, so wird sie ihren Lukas vielleicht an der Hand nehmen, zu Lars gehen und ordentlich mit ihm schimpfen, weil man einfach nicht haut! Und schon gar nicht mit der Schaufel! Das nützt zwar wenig, Lars wird den Eimer trotzdem behalten und jetzt erst recht nicht mit Lukas spielen. Aber er hat ein schlechtes Gewissen. Hat er denn etwas falsch gemacht, als er sich den Eimer nicht wegnehmen lassen wollte? Darf man sich wirklich nicht verteidigen?

Wer mit Kindern arbeitet, sei es im Kindergarten, in der Schule oder in Kinder- oder Jugendgruppen, wird ständig mit solchen Konflikten, Streitereien und Kämpfen konfrontiert. Wenn wir versuchen den Hintergründen und Ursachen der Konflikte auf den Grund zu kommen, stoßen wir häufig auf das Problem, dass die Kinder im Umgang miteinander Grenzen missachtet und überschritten haben. Es fällt Kindern meist schon schwer die eigenen Grenzen erkennen, benennen und anderen gegenüber vertreten und verteidigen zu können. Noch viel schwerer fällt ihnen das Wahrnehmen und Respektieren der Grenzen anderer. Und so entwickelt sich aus einer anfangs harmlosen Kabbelei schnell ein ernster Konflikt. Dabei wäre das Problem ganz leicht zu lösen, wenn man sich doch nur sagen könnte, was man eigentlich wirklich will.

Mein Hauptanliegen besteht darin den Kindern Mut zu machen, ihre Wünsche und Bedürfnisse, sowohl die körperlichen als auch die seelischen, nicht nur zu erkennen, sondern sie vor allem auch klar und deutlich zum Ausdruck bringen und verteidigen zu können. Spiel ist die wichtigste Beschäftigung im Alltag der Kinder. Gerade darum kann das Spiel auch ein wichtiges Instrument sein sich und den Umgang mit anderen in kreativkonstruktiver Weise zu erproben, vorhandene Verhaltensmuster in Frage zu stellen und Lösungsmöglichkeiten aufzuzeigen. Dazu will ich in diesem Buch Ideen und Vorschläge beisteuern.

In den ersten Kapiteln erhalten Sie grundlegende Informationen über die unterschiedlichen Voraussetzungen bei den Kindern und über die einzelnen Schritte, die durchwandert werden müssen, um Grenzen setzen und achten zu können. Im Spieleteil finden Sie neue und alte Spiele und Anregungen, die Kindern Erfahrungen mit sich selbst und anderen ermöglichen und sie dabei unterstützen können ihre eigenen Grenzen und die Grenzen anderer zu entdecken und zu verteidigen. Ein weiteres, mir persönlich besonders am Herzen liegendes Thema möchte ich Ihnen in einem Kapitel am Ende des Buches nahe bringen. Es befasst sich mit der Frage, in wieweit dieses

Programm zur Stärkung und Ermutigung von Kindern, Grenzen zu setzen und zu achten, auch in der Prävention von Missbrauch jeglicher Art helfen kann.
Ich wünsche Ihnen viel Erfolg, wenn es darum geht Kinder zu starken, mutigen und selbstbewussten Mädchen und Jungs zu erziehen, die bereit und in der Lage sind Grenzen zu setzen und Grenzen zu achten – sich gegen Grenzüberschreitungen zu wehren und selbst auf Grenzüberschreitungen zu verzichten!

Theoretische Vorbemerkungen

Wo stehen die Kinder?

Die Kinder mit denen wir arbeiten, befinden sich unabhängig von ihrem Alter meist in völlig unterschiedlichen Entwicklungs- und Reifephasen. Wir haben praktisch keinen Einfluss auf die Vorerfahrungen, die sie in ihrem sozialen Umfeld, also in der Familie und im Freundeskreis gesammelt haben und mitbringen. In der Regel können wir dieses soziale, familiäre Umfeld auch nicht ändern. Trotzdem dürfen wir diese prägenden Erfahrungen ebenso wenig außer Acht lassen wie die persönlichen Voraussetzungen und Wesensmerkmale jedes einzelnen Kindes, wenn wir es erfolgreich in seiner Entwicklung fördern und dabei unterstützen möchten Grenzen zu setzen und zu achten.

Wir werden es häufig mit Kindern zu tun haben, die unsicher und ängstlich sind. Manchen Kindern fällt es schwer eigene Gefühle und Bedürfnisse zu erkennen und ihnen zu trauen oder sie gar auszudrücken. Diese Kinder hatten vielleicht nur selten die Möglichkeit notwendige Selbsterfahrungen zu sammeln und ihr Selbstbewusstsein stärker auszubilden. Vielleicht haben sie schon öfter die Erfahrung gemacht, dass sie ihren eigenen Gefühlen nicht trauen dürfen und andere ihre Empfindungen nicht ernst nehmen. Sie haben wahrscheinlich nicht lernen können ihre Empfindungen auszudrücken, sei es mit Worten oder auf eine andere Weise. Und sie finden keine geeigneten Wege auf ihre emotionalen Erfahrungen wie Angst, Verlust, Enttäuschung, Wut, Ablehnung... zu reagieren.

Die Konfrontation mit den Gefühlen anderer kann auf solche Kinder bedrohlich, einschüchternd, beängstigend wirken. Sie reagieren darauf unterschiedlich: Kinder, die versuchen ihre Verunsicherung zu überspielen, machen sich nicht selten über Gefühlsäußerungen anderer lustig, verspotten oder belächeln sie. Manchmal versuchen sie auf diese Weise selbst stärker und weniger verletzlich und angreifbar zu wirken. Manchmal sehen sie, wenn andere ihre Gefühle und Verletzlichkeit offen zeigen, eine Möglichkeit Macht über sie auszuüben und sie unter Druck zu setzen. Vielleicht haben sie selbst ähnliche Erfahrungen gemacht und konnten grundlegende Werte, die für menschliches Zusammenleben unverzichtbar sind, bisher nicht ausreichend erfahren. Dazu gehört es Gefühle zu verstehen und Mitgefühl zu entwickeln, sich um andere zu kümmern, sie zu achten und angemessen mit ihnen umzugehen.
Manche Kinder versuchen Konfliktsituationen aus dem Weg zu gehen, in denen sie mit ihren eigenen Gefühlen oder den Gefühlen anderer konfrontiert werden. Sie laufen davon oder, wenn das nicht geht, unterwerfen sie sich oder verhalten sich aggressiv, indem sie verbale oder körperliche Gewalt einsetzen.

Diesen ängstlichen und unsicheren Kindern stehen starke und selbstbewusste Kinder gegenüber: Kinder, die ihre eigenen Bedürfnisse und Gefühle klar erkennen und benennen und auch versuchen ihre Wünsche durchzusetzen. Vielleicht gelingt es ihnen noch nicht

auch die Bedürfnisse und Gefühle anderer wahrzunehmen und sie versuchen anderen ihren Willen aufzudrängen.
Stehen die Wünsche und Gefühle der anderen in einem Missverhältnis zu den eigenen Bedürfnissen, können sie die konfliktträchtige Diskrepanz zwar manchmal erkennen, aber sie sind nicht immer in der Lage selbst angemessene Lösungsmöglichkeiten zu finden und umzusetzen. Sie halten ihre eigenen Interessen für die wichtigsten, ihre Ideen für die besten und es fällt ihnen schwer Interessen anderer als gleichberechtigt neben ihren eigenen zu achten und zu respektieren.

Das Ziel sind sozial kompetente, starke und selbstbewusste Kinder, die ihre Rechte kennen und durchsetzen können und gleichzeitig in der Lage sind nicht immer und um jeden Preis ihre eigenen Wünsche und Bedürfnisse durchzusetzen, sondern manchmal nachzugeben und eigene Bedürfnisse zurückzustellen – zum Wohl aller. Wenn Kindern das gelingt, können sie auch die Konflikte, die sich in Gemeinschaft und Freundschaft mit anderen ergeben, als etwas Positives, Konstruktives erleben.

Vom ICH über das DU zum WIR

Damit Kinder soziale Kompetenz entwickeln können und fähig werden Grenzen zu setzen und zu achten, müssen drei Entwicklungsschritte durchwandert werden. Die Kinder gelangen vom ICH über das DU zum WIR. Dementsprechend haben wir unterschiedliche Ansatzmöglichkeiten und können die Kinder dort abholen, wo sie sich in ihrer Entwicklung gerade befinden.

1. Kinder lernen ihren Körper und seine Bedürfnisse kennen

Häufig haben Kinder eine recht ungenaue Vorstellung ihres eigenen Körpers. Ihre Hände und Füße, ihren Bauch oder Kopf finden sie leicht. Es fällt ihnen aber schon sehr viel schwerer genauer zu differenzieren und nicht nur die Augen, sondern auch die Wimpern und Augenbrauen richtig zu benennen oder gar ihre Bedeutung und Funktionsweise zu erklären. Das betrifft auch und in besonderem Maße die primären Geschlechtsteile.

Mit dem eigenen Körper bewusst umzugehen heißt aber auch auf seine Gesunderhaltung zu achten und einem gestörten Körperempfinden, wie es beispielsweise durch Bewegungsmangel oder übermäßiges Essen entstehen kann, entgegenzuwirken. Lustvolle Bewegung beim Spiel oder Sport lässt Kinder ihren Körper spüren, mögen, sich in ihm heimisch fühlen, aber auch seine Grenzen wahrnehmen und akzeptieren.

Das Spiel mit allen Sinnen führt zu einer intensiven Körperwahrnehmung. Dabei ist neben den fünf Sinnen Sehen, Hören, Riechen, Schmecken und Tasten auch die Entwicklung strategischen Denkens angesprochen. Die Kinder entwickeln Selbst-Bewusstsein, denn sie erfahren: *Das bin ich, so sehe ich aus, so fühle ich mich (an) und wenn ich mich in dieser Situation so oder so verhalte, dann passiert das oder das. Und das will ich so oder auch nicht! Und das darf ich sagen! Jetzt! Laut! Das habe ich mich vielleicht noch nie getraut, aber jetzt ist es ja nur Spiel! Da probier' ich das mal aus und sage dir: Du riechst gut! Remple mich nicht an! Nimm die Finger aus meinen Haaren! Schrei nicht, ich bin nicht taub!* Sie erfahren, dass Dinge nicht so passieren *müssen*, dass sie sie selbst ändern können und dass es kribbelt im Bauch, wenn man sich traut.

2. Kinder lernen ihre Gefühle und die Gefühle anderer wahrzunehmen und auszudrücken

Kinder brauchen die Erfahrung, dass sie sich auf ihre Gefühle verlassen können und sich ihrer Gefühle keinesfalls schämen müssen. Schaffen wir für sie Möglichkeiten Gefühle spielerisch zu erfahren! Besonders geeignet sind interaktive Rollen- und Figurenspiele, weil sie Kindern die Möglichkeit geben in unterschiedlichste Rollen zu schlüpfen und dort stellvertretend Lösungsmöglichkeiten durchzuspielen, die sie sich bisher vielleicht nicht getraut haben oder die im realen Leben vielleicht überhaupt nicht möglich sind.

Daneben können Bücher und Lieder (z. B. „Gefühle sind wie Farben" von Aliki) gute Einstiegshilfen sein, um zu einem Spiel über Gefühle zu gelangen. Sie können eine Situation aus dem Bilderbuch aufgreifen oder noch besser, wenn es sich anbietet ein Problem eines Kindes aufgreifen und mit wechselnder Besetzung spielen. So lernen Kinder ihre Gefühle kennen, unterscheiden, benennen und ausdrücken. Sie erleben, dass sie ihre Gefühle zumindest in dieser Gruppe ausdrücken können und dürfen – sie können sich wenigstens in der Gruppe verstanden fühlen. Gerade wenn Kinder zu Hause nicht immer ihre Gefühle, etwa Ablehnung oder Wut zeigen und ausdrücken können, haben sie im Rollenspiel die Chance Handlungsstrategien oder Auswege kennen zu lernen: *Das also würde der freche Tom machen, wenn seine Tante auf einem Küsschen besteht. Die Petra stellt sich einfach vor, der Herr Müller hätte einen Kuhschwanz, wenn er sie anbrüllt, sie soll leise sein – das muss ich auch mal versuchen, vielleicht muss ich dann auch lachen und nicht mehr weinen...*

Es ist sehr wichtig, auch Jungen anzuregen ihren Gefühlen Ausdruck zu verleihen, denn auch heute fällt es den Jungen noch schwerer als Mädchen ihre Erlebnisse und Probleme und ihre Empfindungen zu zeigen oder gar darüber zu reden.

Wenn Kinder ihre Gefühle bewusst wahrnehmen, ist schon ein wichtiger Schritt getan. Doch was ist, wenn sie nicht wissen, wie sie mit diesen Gefühlen umgehen sollen? Sie benötigen Handlungsstrategien, die ihren ganz persönlichen Bedürfnissen entsprechen, denn jeder geht mit seinen Empfindungen anders um oder kann in seiner Situation nur auf eine bestimmte Weise handeln. Während sich der eine gleich viel besser fühlt, wenn er darüber spricht, was ihn bewegt, möchte der andere sich lieber erst einmal verkriechen und seine Ruhe haben oder sich im Gegenteil körperlich entladen und abreagieren. Kinder sollen spielerisch verschiedene Möglichkeiten ausprobieren dürfen, um ihre ganz eigenen Wege und Lösungsmöglichkeiten zu finden.

Und auch wenn nicht alle Lösungen, die im Spiel gefunden und erprobt werden, auf die tatsächliche Problemsituation anwendbar sind, wirken die spielerischen Erfahrungen für ein Kind entspannend und entlastend, weil es sich verstanden fühlt oder sich „phantastische Fluchtwege“ frei halten kann: Wenn ein Kind sich einer schallenden Ohrfeige des Vaters nicht entziehen kann, hilft es ihm vielleicht trotzdem sich dabei vorzustellen, dass dessen Hand anschließend brennt und über und über mit Brandblasen überzogen ist, die ihm mehr wehtun als ihm die Ohrfeige. Oder: Die Mutter muss wenigstens in der Phantasie in dem übervollen Suppenteller schwimmen, den das Kind gegen seinen Willen leer essen muss...

Wer die eigenen Empfindungen kennt und als wichtig erkennt, wird fähig werden sich in andere einzufühlen, also auch die Bedürfnisse und Gefühle des anderen wahrzunehmen und zu berücksichtigen – ganz im Sinne der ‚Goldenen Regel‘: „Was du nicht willst, das man dir tu, das füg auch keinem anderen zu!“

3. Kinder lernen ihre eigenen Rechte und Grenzen und die Rechte und Grenzen anderer kennen und achten

Die Rechte der Kinder wurden in der UN-Kinderrechtskonvention eindeutig festgelegt. Sie bildet die Grundlage dafür, dass Kinder als eigenständige Persönlichkeiten ernst genommen werden müssen. Damit Kinder sich für ihre Rechte einsetzen können, müssen sie diese Rechte natürlich kennen. Es gibt gutes Infomaterial schon für Vorschulkinder (s. Literaturhinweise), das wir ihnen anbieten und gemeinsam mit ihnen erarbeiten können.

Doch es genügt nicht, Kinder nur formal über ihre Rechte aufzuklären! Kinder entwickeln nicht von allein Selbstsicherheit und Durchsetzungsvermögen, sondern müssen täglich erfahren, dass sie das Recht auf eigene, freie Meinungsäußerung und Entscheidung haben, um sich darin üben zu können. Und wir Erwachsenen müssen ihre Meinungsäußerungen und Entscheidungen annehmen und akzeptieren. Nur dann lernen Kinder ihren eigenen Empfindungen zu vertrauen und sich in ganz normalen Alltagssituationen selbstbewusst und frei zu verhalten. Sie werden fähig ihre eigenen persönlichen Grenzen zu setzen und die persönlichen Grenzen anderer zu achten. Dazu gehört nicht nur sich unter Gleichaltrigen durchsetzen zu können. Kinder müssen auch die Erfahrung machen, dass sie sich den Forderungen von Erwachsenen widersetzen dürfen. Blinder Respekt vor Erwachsenen und die meist erzwungene Überzeugung, dass Große immer wissen, was sie tun und alles richtig machen, ist gefährlich. Die Bereitschaft wächst, sich von älteren Kindern oder Freunden unter Druck setzen lassen und Dinge zu tun, die sie nicht möchten.

4. Kinder erleben Freundschaft, Rücksichtnahme und Hilfsbereitschaft

Wenn Kinder erfahren und erleben können, dass sie als eigenständige Persönlichkeit auch

Teil eines Ganzen sind, Freunde haben und in einer Gemeinschaft leben, entwickeln sie soziale Kompetenz. Das heißt, sie erfahren: Jeder ist wichtig, wir können uns miteinander verständigen, wir können einander näher kommen und miteinander vertraut werden; wir können etwas gemeinsam machen, Probleme zusammen lösen, Rücksicht aufeinander nehmen, uns umeinander kümmern und einander helfen – wir achten einander. Sie erleben, dass sie gemeinsam stark sein können. Kinder, die sich selbst geachtet und angenommen fühlen, finden leichter Freunde, weil sie auch andere leichter achten und respektieren können. Sie kennen Gefühle wie Fröhlichkeit, Traurigkeit, Ärger, Angst oder Wut von sich selbst und verstehen dadurch die Empfindungen anderer und achten sie. Sie werden anderen in emotional schwierigen Situationen mit Mitgefühl und Feingefühl begegnen können und respektvoll und freundlich miteinander umgehen. Und nicht zuletzt werden sie einander Hilfe anbieten und auch annehmen können.
Aber selbst wenn Kinder erlebt haben, dass sie ein Recht darauf haben, über sich selbst zu bestimmen und ihre Rechte durchzusetzen, auch wenn sie sich stark und selbstbewusst fühlen und in der Regel verständnisvoll und kooperativ mit Spielkameraden umgehen, werden sie doch immer wieder an Grenzen stoßen. Es wird ältere Kinder und Erwachsene geben, die stärker sind, die ihre Rechte verletzen, ihr Vertrauen und ihre Freundschaft missbrauchen oder versuchen bestehende Freundschaften zu stören. Für diese Situationen benötigen Kinder Handlungsstrategien, Lösungsmodelle und nicht zuletzt Vertrauenspersonen, denen sie sich öffnen können und die sie zu Hilfe holen können, wenn sie selbst nicht mehr weiter wissen.
Das auszuprobieren und zu üben gelingt besonders gut mit Rollenspielen. Die verschiedenen Rollen und Handlungsmuster können von außen betrachtet und verstanden werden. Das eröffnet neue Perspektiven, eigene Handlungsmöglichkeiten und auch die Distanzierung von Rollen, die negativ besetzt sind (wie z. B. der klassische Spielverderber) zugunsten einer anderen, die besser angenommen wird.

5. Kinder können mit schwierigen und gefährlichen Situationen umgehen (lernen)

Wir können und dürfen Kinder nicht immer vor schwierigen und gefährlichen Situationen schützen, deshalb ist es von entscheidender Bedeutung, dass sie selbst lernen können, wie sie mit diesen Situationen umgehen und sich selbst schützen können!
Grenzüberschreitungen wie Mutproben und Übergriffe werden häufig unter dem Siegel der Verschwiegenheit aufgezwungen. Kinder werden mit Drohungen, körperlicher Gewalt oder mit der Androhung nicht mehr „dazu zu gehören" massiv unter Druck gesetzt. Auf der einen Seite möchten sie sich nicht ausschließen, nicht wie Feiglinge oder „Mama-Kinder" dastehen, auf der anderen Seite ist ihnen sehr wohl bewusst, dass das, was mit ihnen geschieht oder was sie tun sollen, für sie selbst nicht in Ordnung ist. Es ist deshalb von ganz entscheidender Bedeutung, dass Kinder Geheimnisse dieser Art erkennen lernen. Kinder können unterscheiden lernen zwischen Geheimnissen, die schön sind und Freude machen und deshalb auch gewahrt werden dürfen und Geheimnissen, die wehtun, belasten und traurig machen und die man deshalb weitersagen darf und soll.
Mit Hilfe des Rollenspiels können Sie mit den Kindern Situationen durchspielen, die ihnen gefährlich werden könnten, um sie in der Realität erkennen und geübt reagieren zu können. Wie könnte jemand besondere Vorlieben nutzen, welche Mittel könnte er einsetzen, um einen anderen zu etwas zu bewegen, was er eigentlich nicht möchte? Wie könnte der sich dagegen wehren?

Unsere persönlichen Grenzkonflikte: Achten wir die Grenzen der Kinder?

Leider fällt es auch uns Erwachsenen im Umgang mit Kindern oft schwer ihre Grenzen wahrzunehmen und zu tolerieren. Wir müssen uns deshalb darüber Gedanken machen, wo wir selbst die Rechte und Bedürfnisse der Kinder beschneiden und uns über ihre ganz persönlichen Grenzen hinweg setzen, ohne ihre Proteste ernst zu nehmen. Für die Kinder wird es dadurch schwierig ihren Empfindungen zu vertrauen. Wenn wir für die uns anvertrauten Kinder Vertrauenspersonen sein möchten, müssen wir uns darum bemühen sie als Persönlichkeiten ernst zu nehmen.
Eine gute Beziehung lässt ein hohes Maß an Freiraum und Selbständigkeit, Eigenständigkeit und Eigenverantwortung zu. Damit ist nicht eine völlige Unabhängigkeit, bereits an

der Grenze zu Bindungslosigkeit gemeint, sondern eine wohlwollende Begleitung der Kinder, die sowohl Nähe, Schutz und Hilfe als auch Distanz ermöglicht und zulässt. Wir möchten für Kinder in Kindergarten oder Schule einen Ort schaffen, wo sie Geborgenheit erleben und erfahren können, dass wir sie mit ihren Wünschen, Bedürfnissen und Empfindungen ernst nehmen. Wenn wir ehrlich sind, so ist das eher selten der Fall. In der Regel sind wir der Überzeugung, dass wir am Besten wissen, was für Kinder gut und richtig ist.

Um selbst zu einer besseren Sicht- und Handlungsweise den Kindern gegenüber zu gelangen, müssen wir uns eine Reihe von Fragen stellen:

- Verfügen wir über die Gelassenheit, Konflikte zwischen Kindern aushalten zu können und nehmen wir uns die Zeit so genau zu beobachten, dass wir wissen, wann wir doch eingreifen sollten?
- Hören wir zu, wenn uns die Kinder etwas erzählen möchten?
- Haben wir genug Vertrauen in die Fähigkeiten unserer Kinder, ihre ganz eigenen Grenzen setzen zu können?
- Achten wir ihre Entscheidungen und ihre individuellen Grenzen, die ganz andere sein können als unsere eigenen?
- Lassen wir ihren Rückzug zu und geben ihnen Raum und Möglichkeiten, Erfahrungen mit Grenzsetzungen und Grenzüberschreitungen selbst zu machen?

Je geforderter und gestresster wir selbst im Alltag sind, umso mehr wünschen wir uns wenigstens ab und zu frei von Konflikten sein zu dürfen. Und dazu gehört, dass wir uns auch oft Kinder wünschen, die nicht widersprechen, sondern das machen, was wir von ihnen verlangen, uns nicht mit Fragen nerven usw. Denken wir deshalb daran: Es gibt keine dummen Fragen, es gibt nur dumme und vor allem ungeduldige Antworten. Und vergessen wir nie: Brave und angepasste Kinder scheuen Konflikte und Auseinandersetzungen. Sie trauen sich nicht für ihre Rechte zu sprechen und zu kämpfen, auch gegen die Übermacht der alles wissenden, alles könnenden und alles entscheidenden Erwachsenen. Sie neigen zu absolutem Gehorsam Erwachsenen gegenüber und sehen sich kaum in der Lage zu widersprechen oder sich zu wehren. Streitereien und Konflikte erleben sie als unerwünschte Zwischenfälle, die möglichst vermieden werden müssen. Schon gar nicht dürfen sie nach außen dringen. Kinder mit diesen Erfahrungen werden zu duldsamen Opfern, von denen wenig Widerstand zu befürchten ist. Wir müssen uns deshalb fragen, ob wir es zulassen bzw. fördern, dass Kinder sich weigern etwas zu tun oder sich kritisch äußern und ihre Konflikte mit uns und untereinander offen austragen und zu lösen versuchen.
Auch wenn wir uns um die Gleichbehandlung von Jungen und Mädchen in der heutigen Erziehung bemühen, ist es doch eine Tatsache, dass immer noch Mädchen anders erzogen werden als Jungen.
Mehr zu diesem Thema finden Sie unter dem Kapitel: „Typisch Junge oder Mädchen? – Typisch Mann oder Frau?“ (S. 90)

Warum macht Spielen Kinder stark?

Das Spiel bietet zahllose Möglichkeiten, Kinder stark und selbstbewusst werden zu lassen. In der spielerischen Auseinandersetzung und Kooperation mit anderen haben Kinder die Möglichkeit innerhalb eines relativ sicheren und stressfreien Rahmens zu beobachten, neuerlernte Fähigkeiten auszuprobieren und zu verinnerlichen. In angeleiteten Spielen können wir Situationen aus dem Alltag aufgreifen und geplante Spielsituationen gezielt einsetzen, um Lernsituationen zu schaffen, in denen Kinder Freundschaft, Mitgefühl, Hilfsbereitschaft, Rücksichtnahme und all die anderen Eigenschaften des sozialen Miteinanders erproben und üben können.

1. Freies Spiel und Bewegung

Wenn Kinder sich frei und möglichst uneingeschränkt bewegen, herum tollen und toben können, lernen sie ihren Körper kennen und erproben ihre Kraft und Geschicklichkeit – ihr Können genauso wie ihr Unvermögen. Sie lernen mit ihrem Körper umzugehen und spüren, was sie mögen oder nicht mögen, was ihnen angenehm oder unangenehm ist. Sie erfahren ihre eigenen Möglichkeiten und Grenzen und die Grenzen anderer, ohne an Grenzen zu stoßen, die ihnen von außen (durch Erwachsene) vorgegeben werden. Kinder brauchen deshalb Erlebnisräume, die ihnen ungestörtes, selbstbestimmtes und bewegungsreiches Spiel ermöglichen und es erlauben, den eigenen Körper zu erkunden und sich selbst und den Umgang miteinander auszuprobieren.

Kinder können ein freies Spiel unzählige Male wiederholen, Fehler machen und es trotzdem wieder versuchen und Spielsituationen ihren Bedürfnissen entsprechend gestalten und verändern. Das gibt ihnen die Möglichkeit Herausforderungen und Schwierigkeiten zu begegnen und damit umzugehen und dadurch Vertrauen in die eigenen Empfindungen und Fähigkeiten zu entwickeln.

Im freien Spiel mit anderen Kindern müssen sie sich absprechen, durchsetzen und zurücknehmen. Sie üben das Miteinander genauso wie das Gegeneinander, wenn sie möglichst ohne Einmischung versuchen miteinander zurecht zu kommen. Wenn wir Kinder ungestört miteinander spielen lassen, geben wir ihnen die Chance selbst Erfahrungen im Umgang miteinander zu machen. Dabei wird es zu Konflikten und Streitigkeiten kommen, die wir nicht immer sofort schlichten dürfen, auch wenn es hin und wieder zu Tränen oder kleinen Blessuren kommt. Kinder, die bei wilden Spielen die Grenzen oft überschreiten und nicht wissen, wann sie aufhören müssen, kennen sich und ihren Körper oft nicht sehr gut und können sich auch kaum in andere einfühlen. Es fällt ihnen schwer, die eigene Kraft einzuschätzen oder die Worte und Zeichen, etwa die Körpersprache ihres Gegenübers zu verstehen. Und genau das können sie im freien Spiel miteinander richtig einschätzen lernen.

Distanz und körperliche Nähe werden erfahren, wenn Kinder voreinander davon laufen, einander fangen, festhalten und wieder los lassen und manchmal auch einen Schritt zu weit gehen und einander wehtun. Wenn Kinder versuchen selbst miteinander zurecht zu kommen, werden ihnen die Konsequenzen von Grenzüberschreitungen von ganz allein klar und sie können die Folgen ihres Handelns besser einschätzen. Sie können wirklich ihre ganz eigenen Grenzen kennen lernen, ohne von uns beeinflusst zu werden. So können auch wilde Spiele, Kräfte messen, Raufereien und Kämpfe zu körperlicher Nähe und einem Miteinander führen, das von gegenseitiger Achtung geprägt ist und dazu dient, die eigenen Grenzen und die Grenzen anderer zu erfahren und zu respektieren.

Es wird sicher hin und wieder zu Grenzüberschreitungen kommen, aber im Spiel miteinander lernen Kinder damit umzugehen, sich zu wehren und durchzusetzen, die Folgen ihres Handelns abzuschätzen und Rücksicht zu nehmen. Nachgiebige Kinder können nachgiebig sein, ohne sich schwach fühlen zu müssen und können selbst spüren, wann ihnen ihre eigenen Wünsche wichtig genug werden, um sie auch durchzusetzen. Kinder, die leicht aus der Haut fahren oder ihren Willen um jeden Preis durchsetzen wollen, werden Grenzen durch andere Kinder erfahren, die das gemeinsame Spiel abbrechen oder sich zurückziehen. Wenn wir vorher eingreifen, werden wir sie zwar vor manch unangenehmer Erfahrung bewahren, gleichzeitig berauben wir sie aber auch der Möglichkeit, ihre Grenzerfahrungen selbst zu machen.

Bedauerlicherweise können Kinder heute immer weniger solche freien und ungestörten Spielräume in ihrer Umgebung finden. Die Straße ist gefährlich, der Spielplatz verdreckt; Brachland, „ungeputzte“ Wäldchen, Bachläufe etc. sind insbesondere für Stadtkinder kaum noch vorhanden. Hier ruht eine wichtige Aufgabe für Städteplaner, die dringend zum Gegenstand öffentlichen Interesses werden sollte. Innerhalb Ihrer Einrichtung können Sie bestimmt selbst etwas tun, um den Kindern „wilde“ Ecken für ungestörtes Freispiel anzubieten.

2. Selbsterfahrungsspiele

Eine aktuelle Untersuchung von Grundschulkindern in Deutschland hat zu dem erschreckenden Ergebnis geführt, dass ein hoher Prozentsatz von Kindern Probleme mit dem eigenen Körper hat. So können sie z. B. nur noch schwer das Gleichgewicht halten, wenn sie auf einem Bein stehen und sie haben große Schwierigkeiten rückwärts zu laufen. Es scheint ihnen an Möglichkeiten gefehlt zu haben den eigenen Körper in Bewegung bewusst wahrzunehmen und zu erproben. Spiele zur Förderung der Sinneswahrnehmung, wie Tastspiele, Hörspiele, Riech-, Schmeck- und Bewegungsspiele machen Kindern nicht nur Spaß, sondern vermitteln eine sinnliche Körpererfahrung. Selbsterfahrungsspiele erweitern und vertiefen die Fähigkeit der Kinder zu fühlen, zu denken, zu handeln und zu wissen, was sie sich und ihrem Körper zutrauen können. Massagen oder Berührungsspiele lassen Kinder ihren Körper und seine Grenzen bewusst wahrnehmen und bewirken außerdem eine körperliche und seelische Entspannung. Je mehr Sinneseindrücke und Selbsterfahrungen Kinder sammeln können, desto deutlicher, detaillierter und vielseitiger wird ihr Selbstbild – und ihr Selbstvertrauen.

3. Kooperationsspiele und Spiele mit Regeln ermöglichen soziale Kompetenz und Erlernen kooperativen Verhaltens

Wenn Kinder sich in einer Gruppe zusammenfinden und versuchen gemeinsam etwas zu erreichen; wenn ein Ziel nur dann erreicht werden kann, wenn man konstruktiv zusammenarbeitet, wird es notwendig, sich miteinander zu besprechen, seine Absichten, Wünsche und Vorstellungen deutlich zu machen und Rücksicht aufeinander zu nehmen.

Weil alle ein gemeinsames Ziel vor Augen haben, ist es unverzichtbar die anderen Gruppenmitglieder, aber auch sich selbst und seine Rolle in der Gruppe bewusst wahrzunehmen. So werden die eigenen Möglichkeiten und Grenzen und die der anderen erfahrbar – soziale Kompetenz kann wachsen.

Das Spiel mit anderen benötigt einen organisatorischen Rahmen, an dem sich alle orientieren können. Dieser Rahmen wird von Regeln gebildet, die für alle die gleiche Gültigkeit haben und Richtlinien oder Grenzmarkierungen darstellen, an die sich alle halten müssen, damit das Spiel gelingen und allen Spaß machen kann. Kooperationsspiele funktionieren, genau wie Spiele, in denen Kinder in Konkurrenz zueinander treten, nur mit Regeln. Wenn Kinder einfache Regelspiele wie ‚Katz und Maus', ‚Fischer, Fischer, wie tief ist das Wasser?', aber auch kompliziertere Spiele wie etwa ‚Völkerball' spielen, sammeln sie Erfahrung im Umgang mit Regeln und damit auch im Umgang mit Grenzen.

Regelüberschreitungen haben Folgen, wenn das Spiel deswegen von den anderen abgebrochen wird oder gar ein Kind vom Spiel ausgeschlossen wird – Fairness wird wichtig, wenn vorgegebene oder gemeinsam vereinbarte Regeln eingehalten werden. So wird der Sinn von Regeln und Grenzen unmittelbar einsehbar. Bei vielen dieser Spiele werden Gruppen und Mannschaften gebildet. Es geht darum Verbündete zu finden, zusammenzuhalten und einander beizustehen, aber auch darum in fremdes Revier einzudringen, sich gegenseitig Dinge abzujagen und damit auch Grenzen zu verletzen, Widerstand zu leisten und sich und das eigene Territorium zu verteidigen.

Regelspiele sind nicht selten Kampfspiele, die es ermöglichen auf einer harmlosen, spielerischen Ebene Grenzen zu erfahren und ihren Sinn zu verstehen.

4. Rollenspiele ermöglichen Distanz und Nähe

Kinder schlüpfen gern in andere Rollen und sammeln dabei vielfältige Erkenntnisse über sich selbst und andere. Im Rollenspiel können Erfahrungssituationen geschaffen, vorbereitet und strukturiert werden, die Kindern helfen, kooperativ und friedlich miteinander umzugehen. Sie können ausprobieren wie es ist, stark, groß und mächtig oder klein, hilflos und schwach zu sein – im Rollenspiel wird alles möglich. Kinder können sich gegen Böses wehren und selbst böse sein, sie können andere retten und sich selbst retten lassen.

Kinder können im Rollenspiel ihre Welt verändern, Problemlösungen ausprobieren und Strategien entwickeln. So können sie ihre Erlebnisse, Erfahrungen, Ängste, Sorgen und Nöte verarbeiten und widersprüchliche Gefühle durchleben. Das hilft ihnen nicht nur sich selbst besser zu verstehen, sondern auch sich in andere hineinzuversetzen. Im Rollenspielen können Grenzen überschritten werden, Kinder können einander nahe kommen, auch körperlich nahe, einander umsorgen und sich umeinander kümmern und sie können einander zu nahe treten, sich verteidigen und wieder Distanz schaffen.

Oft initiieren Kinder Rollenspiele frei und spontan und gestalten sie selbst – ganz ihren Bedürfnissen entsprechend. Sie greifen ihre aktuellen Erfahrungen und Erlebnisse, die sie beschäftigen auf und setzen sich spielerisch damit auseinander. Daneben gibt es aber auch Rollenspiele, die von ErzieherInnen oder GruppenleiterInnen inszeniert werden, um Probleme oder Konflikte zu thematisieren und zu bearbeiten. Dazu finden Sie unter den einzelnen Kapiteln immer wieder Anregungen und Vorschläge.

5. Animierendes und interaktives Figuren- bzw. Puppenspiel setzt Prozesse in Gang

Figuren- bzw. Puppenspiel hat eine ganz ähnliche Funktion für Kinder wie das Rollenspiel. Es ermöglicht ihnen gefahrlos in Rollen zu schlüpfen und sich mit ihnen zu identifizieren, die sie sich im Alltag vielleicht (noch) nicht zutrauen, die ihnen nicht geheuer sind, vor denen sie vielleicht sogar Angst haben. Aus der zuschauenden Distanz können sie jedoch in das zunächst von Ihnen angebotene Spiel eingreifen. Sie können die Handlungsweisen der Figuren durch Zuruf beeinflussen, verändern. Aus der Distanz des Zuschauers erkennen sie auch viel besser, wenn „irgendetwas schief läuft", eine der Figuren vielleicht verhängnisvolle Fehler machen könnte. Und manche Fehler, die ihre Identifikationsfigur (in diesem Buch der Hase Moppel) machen möchte oder sogar macht, haben sie vielleicht bisher noch gar nicht so gesehen.

Mit dem Hasen Moppel möchte ich Ihnen und den Kindern eine Identifikationsfigur anbieten, mit der Sie den Einstieg zu solchen Rollen- und Figurenspielen finden können. Der Hase Moppel begleitet Sie und die Kinder durch das Thema, er taucht immer wieder auf und wirkt dadurch auf die Kinder vertraut – sie wissen gleich, dass der Hase Moppel etwas erlebt hat, womit er nicht zurecht kommt und dass er die Hilfe der Kinder braucht. Sie können mit Moppel alle möglichen und unmöglichen Situationen inszenieren. Moppel kommuniziert mit den Kindern, greift ihre Vorschläge auf und probiert sie aus. Manche Vorschläge der Kinder funktionieren nicht, deshalb sucht Moppel immer wieder nach alternativen Möglichkeiten, die er sofort in die Tat umsetzt. Später kann Moppel an die Kinder übergeben werden, damit sie ihre eigenen Erfahrungen und Erlebnisse spielerisch umsetzen können. Sie selbst gesellen sich zu den zusehenden Kindern. Durch Moppel können

Sie mit einem von Ihnen initiierten Spiel immer wieder neue Spielimpulse geben, Probleme durch die Puppe stellvertretend lösen lassen.

Wenn die Kinder bei diesem Geschehen auch „passiv" auf ihren Popos sitzen und scheinbar selbst nicht aktiv spielen, so sind sie doch mit jeder Faser ihres Körpers an der dargebotenen Handlung beteiligt. Manchmal so sehr, dass sie aufspringen und nach einer Figur schlagen. Greifen Sie unbedingt die Vorschläge der Kinder auf, wie das Spiel weitergehen soll. Verlassen Sie sich darauf, es kommen so viele verschiedene Vorschläge, dass der, den Sie für den von Ihnen geplanten Fortgang der Geschichte brauchen, mit Sicherheit dabei ist. Es ist wichtig, dass die Kinder erfahren, dass sie die Geschichte selbst verändern können (im Gegensatz zu Film oder Fernsehen). Das stärkt ihr Vertrauen auch in die eigene Urteils- und Handlungsfähigkeit in konkreten Situationen. Wenn Sie den Kindern nach einem solchen von Ihnen vorgespielten Handlungsverlauf die Figuren zum Selberspielen übergeben, so wird der angebotene „rote Faden" bereitwillig aufgegriffen und unter verschiedensten Aspekten variiert.

Das Figurenspiel bietet sich vor allem für Kinder an, die sich noch nicht trauen, beim Rollenspiel selbst aktive Rollen zu übernehmen. Mit den Puppen können sie sich noch ein wenig versteckt halten, bevor sie sich mehr zutrauen.

6. Spielerfahrungen können in Worte gefasst werden

Im Spiel sammeln Kinder vielfältige Erfahrungen. Deshalb wenden wir die Spielpädagogik an, um Bewusstwerdungsprozesse zu initiieren und unser Ziel, Kinder stark und selbstbewusst werden zu lassen, zu erreichen. Durch das sinnliche Erleben, das Leichte, Offene und Spielerische setzen sich Kinder aktiv und ohne Scheu mit ihrer Situation auseinander. Probleme, Ängste, Sorgen und Konflikte können thematisiert und Lösungswege erprobt werden. So können Kinder ihre Sprachlosigkeit überwinden und bewältigen.

Gerade wenn es zu Grenzüberschreitungen kommt, spielt *Sprachlosigkeit* fast immer eine große Rolle: Kinder, die Schwierigkeiten haben Grenzen zu setzen oder Grenzen zu achten, haben oft auch ein Problem sich sprachlich eindeutig auszudrücken. Oft trauen sie sich gar nicht laut und deutlich zu sagen was sie mögen oder nicht mögen. Im Spiel müssen Absprachen getroffen und Pläne gemacht werden. Hier können sie ausprobieren, wie ein leises oder lautes Nein klingt und wie es wirkt. Sie können wie eine Maus piepsen: „Lass mich!“ oder wie ein Löwe brüllen: „Nimm deine Finger weg!“ Im Rollenspiel können sie erfahren, wie es auf einen Angreifer wirkt, wenn man plötzlich laut brüllt und mit den Füßen stampft. Und vielleicht fällt es Kindern dadurch leichter, in einer tatsächlichen Problemsituation ihre Sprachlosigkeit zu überwinden.

Wie oft könnten Grenzüberschreitungen vermieden werden, wenn es Kindern gelingen würde, deutlich zum Ausdruck zu bringen, was sie fühlen, was sie mögen oder nicht mögen! Wie oft würden sie Grenzen anderer leichter achten können, wenn sie nicht nur die Körpersprache eines anderen verstehen und richtig deuten, sondern schon ein eindeutiges „Nein, ich mag das nicht“ akzeptieren könnten! Deshalb sollten wir es nicht versäumen, ihre Erfahrungen aufzugreifen und mit ihnen darüber sprechen, wenn bei den Kindern ein weiterführender Gesprächsbedarf entsteht. Wir können und dürfen Kinder nicht zwingen, über ihre Erfahrungen und Erlebnisse zu sprechen, aber wir können unsere Bereitschaft zum Zuhören signalisieren.

Eltern als Partner gewinnen

Wenn Sie vorhaben, einen solchen Spiele-Zyklus in Ihrer Einrichtung durchzuführen, sollten Sie einen wichtigen Aspekt in Ihre Planung einbeziehen: *Elternarbeit!* Ziel dieses Spiele-Zyklus ist, Kinder darin zu bestärken, sich auch Erwachsenen gegenüber mit ihren Bedürfnissen und Wünschen nach Abgrenzung zu behaupten. Das kann aber mit Elternhäusern, die sehr rigide Erziehungsgrundsätze vertreten, zu erheblichen Missverständnissen und Irritationen führen. Auch die taktilen Körperwahrnehmungsspiele, so berechtigt und notwendig sie auch sind, finden nicht unbedingt immer elterliches Verständnis und Zustimmung. Oft fühlen sich Eltern in ihrer Erziehungskompetenz in Frage gestellt und glauben, dass im Umgang mit ihren Kindern Tabuzonen durchbrochen werden. Beugen Sie dem durch frühzeitig begonnene Elternarbeit vor.

Alle Eltern, das setzen wir voraus, wollen ihre Kinder vor Missbrauch durch Fremde oder Schlimmerem schützen. Dass sie damit zu allererst in ihrer unmittelbaren Umgebung und im Miteinander mit den eigenen Kindern beginnen müssen, ist ihnen oft nicht klar. Darum erklären Sie den Eltern was Sie vorhaben, was Sie damit bezwecken und in welchen Einzelphasen ein solches Projekt stattfinden soll. Es kann für den Erfolg Ihrer Arbeit mit den Kindern von grundlegender Bedeutung sein, dass Kinder nicht – kaum dass sie das Neinsagen einmal spielerisch ausprobiert haben – zu Hause wegen Frechsein und Palastrevolution eins auf den Deckel kriegen.

Erprobte und bewährte Mittel der Elternarbeit sind informative Elternbriefe zu einzelnen Stadien der geplanten Projektarbeit und Elternabende, an denen Sie ebenfalls Spiele einsetzen können um zu verdeutlichen, welche Lernziele erreicht werden sollen. In der Spielesammlung des zweiten Teils sind einige dabei, die auch für Erwachsene sehr lustig und vor allem aufschlussreich sein können. Sicher fehlt es Ihnen selbst nicht an eigenen Ideen, wie solche Elternabende eingeleitet und gestaltet werden können. Für den ersten Elternabend will ich Ihnen trotzdem einen Spielvorschlag machen, der nach meiner Erfahrung Eltern sehr nachhaltig beeindruckt:

„Mach mal Platz!“

Idealerweise führen Sie diesen Elternabend mit ein oder zwei Kolleginnen durch und stellen einen Stuhl weniger bereit, als Sie Eltern erwarten. Wenn die Eltern Platz genommen haben, treten Sie sehr bestimmt an eine Mutter oder einen Vater heran und sagen: „Es tut mir Leid, aber diesen Platz habe ich für mich vorgesehen. Würden Sie sich bitte einen anderen suchen!“ Die Person steht auf und sucht sich einen anderen Platz. Ihre Kollegin kommt neu hinzu, tritt ebenfalls an dieselbe Person heran und wiederholt die Aufforderung, sich einen anderen Platz zu suchen. Sie können den Elternabend inzwischen ruhig mit einer Geschichte o. Ä. beginnen und beobachten, wie sich der „gescheuchte“ Elternteil wieder einigermaßen entspannt. Nun tritt die dritte Kollegin neu hinzu und wiederholt die Aufforderung zum Platzwechsel. Werfen Sie Ihre ganze Autorität in die Aufforderung! Sie haben „Hausrecht“!

Lässt sich die Person das gefallen? Protestiert sie, wenn überhaupt, schon beim zweiten Mal oder erst nach dem dritten Mal? Klären Sie den Sachverhalt auf: Kinder finden sich sehr oft in der Situation, dass man sie auffordert, für einen anderen, in der Regel Erwachsenen Platz zu machen und das ohne Begründung. Wenn sie sich wehren, werden sie schnell als frech und vorlaut eingestuft und vielleicht sogar bestraft. Fragen Sie den von Ihnen gescheuchten Erwachsenen, wie er sich als „Vertriebener“

gefühlt hat. Erwachsene reagieren bei diesem Spiel in der Regel erst verunsichert, dann oft aggressiv. Erklären Sie: „Wenn Sie sich jetzt schon verunsichert gefühlt haben, um wie viel mehr muss das bei Kindern der Fall sein, die sich ja ihrer Rechte kaum oder gar nicht bewusst sind?“ Kinder, die in solchen Fällen einfach gehorchen, steigen vielleicht auch in ein fremdes Auto, wenn der Fahrer überzeugend genug behauptet, die Mama oder der Papa habe ihn beauftragt, das Kind abzuholen.

Mit dieser Einleitung rennen Sie für Ihr Anliegen, Kinder im Setzen von Grenzen zu bestärken und sich gegen unbegründete Forderungen zu wehren, bei den Eltern offene Türen ein. Vielleicht werden Sie aber auch mit dem Einwand konfrontiert, dass Erwachsene ein Recht hätten, von Kindern Platz gemacht zu bekommen, z. B. in der Straßenbahn, im Bus o. Ä. Fragen Sie ruhig: „Warum? Woraus leitet sich dieses Recht denn ab? Sind Kinder nach der Schule weniger müde als Erwachsene nach der Arbeit? Oder leiden sie unter einem Handicap, einem wehen Bein, einem Rückenleiden? Warum können sie ihren Anspruch auf den Sitzplatz dann aber nicht begründen, wie sie das auch jedem anderen Erwachsenen gegenüber tun würden?“

Hinweise zum Umgang mit dem Buch

Obwohl es sich durchaus empfiehlt schrittweise vorzugehen, wie es die Kapitelfolge im Buch auch nahe legt, sind die einzelnen Kapitel natürlich eng miteinander verwoben und stehen immer in einem Zusammenhang. Um Spielvarianten sinnvoll nutzen zu können, ist es deshalb sinnvoll, sich diese Zusammenhänge bewusst zu machen.

Ziel aller Spiele ist es:

- die Selbstachtung der Kinder zu stärken,
- anregenden, freundlichen und respektvollen Umgang miteinander zu üben,
- grundlegende menschliche Gefühle, Bedürfnisse und Empfindungen wie Fröhlichkeit, Traurigkeit, Ärger, Angst, Zuneigung... kennen und verstehen zu lernen,
- anderen in emotional schwierigen Situationen mit Mitgefühl zu begegnen,
- sich gegenseitig Hilfe anbieten und annehmen zu können.

Mit einem Wort: zu friedlichem Miteinander fähig zu werden.

Die Spielanregungen sind so ausgewählt, dass die unterschiedlichen Phasen der kindlichen Entwicklung berücksichtigt werden können. Die Kapitel des Buches sind so aufgebaut, dass Sie verschiedene Möglichkeiten haben damit zu arbeiten:
Sie können schrittweise alle Spiele eines Kapitels durchführen, die dem Alter- und Entwicklungsstand Ihrer Kinder entsprechen und dann die entsprechenden Spiele aus dem nächsten Kapitel auswählen. So wird aus dem Thema „Kinder setzen Grenzen – Kinder achten Grenzen" ein umfassendes Projekt, das sich über einen längeren Zeitraum durch Ihre Arbeit ziehen kann.
Sie können aber auch situationsorientiert arbeiten und ein Thema auswählen, das zu den aktuellen Ereignissen und Bedürfnissen Ihrer Gruppe oder einzelner Kinder passt. Das heißt, Sie können einzelne Kinder oder die ganze Gruppe genau dort abholen, wo sie gerade stehen. Wenn Sie z. B. ein gehandicaptes Kind in Ihrer Gruppe haben, das gerade von den anderen zum „Prügelknaben" gemacht wird, so können Sie diesem Problem mit den passenden Spielen aus dem Spieleteil direkt zu Leibe rücken und unmittelbar eingreifen, ohne maßregeln, bestrafen oder „lehrmeistern" zu müssen, was meist ohnehin nicht hilft. Es werden im Gegenteil solche Drangsalierungen höchstens in die Heimlichkeit verlegt und das wollen wir ja möglichst verhindern. Die Erkenntnis etwas falsch gemacht zu haben, ergibt sich aus den Spielen direkt.
Spielen Sie mit Kindern nur die Spiele, die Ihnen auch selbst Spaß machen, denn Kinder spüren es sehr deutlich, ob Ihnen etwas unangenehm ist oder ob Sie mit Freude dabei sind. Verstehen Sie meine Spielanleitungen in erster Linie als Anregungen, die Sie je nach den Voraussetzungen und Bedürfnissen Ihrer Gruppe jederzeit abwandeln können.
Bei manchen Spielen ist es besonders wichtig, dass ein Vertrauensverhältnis zwischen den SpielerInnen besteht. Es kann von entscheidender Bedeutung sein, dass ich jemand mag und ihm Sympathie und Vertrauen entgegen bringe, damit Berührungen und Körperkontakt nicht als unangenehm erlebt werden. Berücksichtigen Sie hier unbedingt die Bedürfnisse der Kinder und vermeiden Sie jeden Druck und Zwang! Es müssen nicht immer und unbedingt alle Kinder einbezogen werden. Nur dann werden die Spiele dazu führen, die Sensibilität für sich und andere, für den eigenen Körper und den der anderen, für die eigenen Grenzen und die des anderen zu schulen.

Und nun wünsche ich Ihnen bei der Durchführung der Spiele viel Spaß und Erfolg im Hinblick auf das Ziel, Kinder zu starken und selbstbewussten Persönlichkeiten reifen zu lassen, die Grenzen sowohl setzen als auch bei anderen achten und respektieren können.

Die Spiele

Ich kenne meinen Körper – Ich kenne mich

Das bin ich! – Den Körper erkennen und benennen

Kinder können sich mit ihrem Körper spielerisch auseinander setzen und ihn kennen und benennen lernen. Innerhalb der Familien, aus denen die Kinder kommen, werden oft ganz unterschiedliche Bezeichnungen für die einzelnen Körperteile benutzt. Es geht nicht darum die Normen, welche Wörter innerhalb der Familie für die Körperteile benutzt werden, zu bewerten oder in Frage zu stellen, sondern die Kinder mit den biologisch-korrekten Bezeichnungen vertraut zu machen. Das ist wichtig, denn jeder darf für sich Ausdrücke und Bezeichnungen verwenden, die er gerne mag oder die in der eigenen Familie üblich sind. Kinder sollten aber wissen, dass es sinnvoll ist, die korrekten Bezeichnungen zu benutzen, wenn sie mit anderen über ihren Körper sprechen. Die eigenen Ausdrücke können auf andere Menschen verunsichernd, erschreckend oder beleidigend wirken und Kinder wissen oft gar nicht richtig, was sie bedeuten. Es gibt in kaum einem anderen Bereich so viele verschiedene Begriffe für ein und dieselbe Sache.

Körperbilder

Alter: mit Hilfe ab 3, sonst ab 5 Jahren
Anzahl: 2 Kinder und mehr
Materialien: großes Papier (Packpapier oder Tapetenpapier), Buntstifte, Wachsmalstifte, Wasser- oder Fingerfarben

Ein Kind legt sich auf das Papier. Ein anderes Kind zeichnet mit einem Wachsmalstift seine Umrisse nach. Es beschreibt, welchen Körperteil es gerade umfährt, also etwa: *Ich male jetzt deinen Kopf, an deinem Ohr entlang, den Hals, die Schulter...* Auf diese Weise wird die Körperwahrnehmung intensiviert und Kinder erhalten eine konkrete Vorstellung, wo sich die einzelnen Körperteile befinden.
Sie dürfen anschließend selbst ihr Körperbild ausschneiden und ergänzen, indem sie Augen, Nase, Mund, Brustwarzen, Bauchnabel, Finger- und Fußnägel und die Geschlechtsteile dazu malen. Vielleicht hat jemand eine auffällige Narbe oder einen Leberfleck, den er dazu malen kann.
Die Kinder sollen alles, was sie gemalt haben, natürlich auch die Geschlechtsteile, benennen und fehlende Teile ergänzen. Sie können sich in einem Spiegel betrachten, um z. B. die eigene Augen- oder Haarfarbe zu kontrollieren. Sie können erklären, wofür sie die einzelnen Körperteile benötigen oder was sie damit machen können.

Weiterführende Spielideen:

- Die Kinder können spielerisch ihre äußerlichen Merkmale vergleichen und erfahren, wo sie sich ähnlich sind oder unterscheiden. Zunächst kann die Spielleitung ein paar Anregungen geben, später können die Kinder selbst Aufgaben erfinden: *Alle Kinder mit blonden Haaren steigen auf den Tisch! Alle Kinder mit kurzen Haaren fassen sich an den Händen! Alle Kinder mit braunen Augen krabbeln um den Tisch!*
  Später können alle Körperbilder nebeneinander aufgehängt werden, vielleicht so, dass sich die einzelnen Kinder die Hand reichen. Hierbei wird den Kindern sehr schön bewusst, dass jeder ein Teil der Gruppe ist. Alle sind miteinander verbunden, in manchem sind wir uns ähnlich, in manchem nicht. Jeder ist – so wie er ist – Teil der Gruppe und gehört dazu.
- Wir gestalten aus dem Körperbild ein Puzzle, indem wir es an manchen Stellen zerschneiden. Wer kann außer seinem eigenen Körperpuzzle auch das Puzzle eines anderen Kindes zusammen legen?
- Wir machen ein Ratespiel: Die Puzzleteile werden verdeckt auf den Boden gelegt. Ein Kind nach dem anderen dreht ein Teil um und rät, worum es sich handelt. Das geratene Puzzleteil wird ins Gesamtbild eingefügt. Ein Kind kann auch ein Puzzleteil für die andern nicht sichtbar aufdecken und den Körperteil, dessen Aussehen, Lage und Funktion umschreiben. Wer zuerst rät, worum es sich handelt, darf das Puzzleteil einfügen und das nächste Teil aufdecken. Wir können das Spiel noch erweitern, indem jeder, der noch eine andere Bezeichnung für den beschriebenen Körperteil kennt, diese ergänzt. Erst wenn keinem mehr eine alternative Bezeichnung einfällt, wird der nächste Körperteil beschrieben.

Reise über den Körper

Alter: ab 5 Jahren
Anzahl: 1 Kind und mehr, Spielleitung
Materialien: Decken als Unterlage, evtl. Meditationsmusik

Alle legen sich bequem auf eine Decke, wer mag, schließt die Augen. Die Spielleitung schickt die Kinder mit einer kleinen Geschichte auf eine Reise durch den Körper:
Stell dir vor, wie der Wind deine Nase kitzelt und sanft über deinen Kopf streicht. Lege die Hände auf deinen Bauch und atme ganz tief ein und aus. Du kannst deinen Atem spüren, wenn sich dein Bauch hebt und senkt. Die Sonne scheint auf deinen Bauch – und du spürst, wie es warm wird. Stell dir vor, wie deine Beine wachsen, wie sie lang und länger werden...
Die Geschichte kann beliebig gekürzt und erweitert werden. Die Kinder können den Po anspannen und wieder locker lassen, sie können die Schultern auf die Unterlage pressen und wieder locker lassen, sie können mit den Füßen wackeln und wieder ruhig werden...

Wo ist der Bauch?

Alter: ab 4 Jahren
Anzahl: 1 Kind und mehr, Spielleitung
Materialien: keine

Die Kinder stehen in einer Reihe nebeneinander, die Spielleitung steht ihnen gegenüber. Die Spielleitung stellt den Kindern verschiedene Fragen. Zum Beispiel: *Wo ist der Kopf? Wo ist der Mund? Wo ist der Nacken? Wo ist der Bauch? Wo ist der Rücken? Wo ist der Po? Wo sind die Waden? Wo ist der Fuß?*
Die Kinder berühren schnell den genannten Körperteil und wenden ihn der Spielleitung zu. Befindet er sich vorne, bleiben die Kinder der Spielleitung zugewandt stehen, befindet er sich an der Seite, drehen sie sich zur Seite, befindet er sich hinten, drehen sie der Spielleitung den Rücken zu.
Zusätzlich können Kinder ab 6 Jahren in die Hocke gehen, wenn sich der Körperteil unten befindet oder einen Luftsprung machen, wenn er sich oben befindet. Je schneller die Bewegungen ausgeführt werden, desto mehr Spaß macht das Spiel.

Variation

Die Spielleitung wirft ein Taschentuch in die Luft und stellt dabei eine Aufgabe: *Zeig mir deinen Hals*. Wer das Taschentuch fängt und die Aufgabe erfüllt, darf die nächste Aufgabe stellen und das Taschentuch werfen.

Der neue Pullover

(Handpuppen- oder Rollenspiel)

Besonders jüngere Kinder lieben Handpuppenspiele. Sie identifizieren sich mit den Spielfiguren und fühlen mit ihnen. Ich habe für diese animierenden und interaktiven Puppenspiele den Hasen Moppel als Identifikationsfigur für die Kinder ausgewählt. Sie wird an verschiedenen Stellen dieses Spieleteils immer wieder auftauchen.
Sie können natürlich für Ihre Spiele eine andere, den Kindern besonders vertraute Handpuppe wählen. Wichtig ist die hohe Identifikationsmöglichkeit für die Kinder.
Die Puppe macht ihre Erfahrungen und Lösungsversuche stellvertretend für die Kinder. Das erleichtert das spontane Einfühlen und nachfolgend wichtige Bewusstwerdungsprozesse. Dabei ist jedoch wichtig, dass durch diese Puppenspiele nur der Impuls zum selbstbestimmten Weiterspielen gegeben werden soll.

Alter: ab 5 Jahren
Anzahl: 2 Kinder und mehr
Materialien: 2 Handpuppen (Hase Moppel und Kasper) oder Verkleidungskiste, 1 Ball oder Flasche

Die Geschichte kann als Handpuppenspiel oder als kleines Theaterstück vor- und von den Kindern nachgespielt werden:

Hase Moppel berichtet Kasper hoch erfreut, dass die Großmutter ihm einen neuen Pullover, eine passende Mütze und Handschuhe stricken möchte. Sobald sie Zeit hat, will sie Maß nehmen, damit nachher auch alles passt. Moppel kann es fast nicht mehr erwarten und Kasper bietet ihm an sofort abzumessen, damit Großmutter gleich mit dem Stricken beginnen kann.
Er holt ein Maßband und bittet Moppel, ihm den „Buckel" herzudrehen, damit er messen kann, wie lang der Pullover sein muss. Da beginnt Moppel schrecklich zu jammern und zu heulen. Kasper weiß gar nicht was los ist und fragt die Kinder, was der Moppel denn nur habe. Alle rätseln und überlegen was los sein könnte. Schließlich klärt der Moppel schluchzend alle darüber auf, dass er keinen hässlichen, krummen Buckel, sondern einen schönen geraden Rücken habe. Kasper entschuldigt sich für den Ausdruck, den er gar nicht böse gemeint hat. Aber bei ihm zu Hause würden zum Rücken eben alle Buckel sagen. Moppel ist beruhigt und bietet Kasper seinen „wunderschönen, entzückenden Buckel-Rücken" zum Messen an.
Kasper kann noch diverse andere Körperteile abmessen. Vielleicht fragt er die Kinder, was er wohl noch alles messen muss. Zum Beispiel den Kopfumfang – dazu bittet er Moppel mal seine „Birne" vornüber zu beugen – Moppel bietet ihm schließlich seinen „oberschlauen Birnen-Kopf" an; oder die Handlänge für die Handschuhe, dazu benötigt er die „Pfote"...
Manche dieser Bezeichnungen gefallen Moppel spontan, andere beleidigen ihn zutiefst. Meist finden die Kinder unzählige Möglichkeiten, was alles gemessen werden kann.

Ein Rollenspiel der Kinder sollte sich anschließen:
Die Kinder messen sich gegenseitig mit dem Maßband ab, wobei sie sich möglichst lustige Ausdrücke für den jeweils gemessenen Körperteil ausdenken sollen. Zum Beispiel: „Krautstampfer" für die Beine, oder „Birne" für den Kopf...

Variation

Die Kinder bilden einen Kreis. Ein Kind beginnt: Es rollt oder wirft den Ball einem anderen Kind zu und sagt: *Ich habe einen Schädel, was hast du?* Das Kind, das den Ball fängt, antwortet: *Ich habe einen Kopf (eine Birne, eine Nuss...), was hast du? oder: Ich habe eine Birne, außerdem habe ich einen Riecher, was hast du?* Es kann also nochmals nach dem gleichen Körperteil fragen oder einen anderen Körperteil benennen. Spielen die Kinder das Spiel mit der Flasche, wird sie von einem Kind gedreht. Es antwortet das Kind, auf das der Flaschenhals zeigt.

Hinweis Eine gute Gelegenheit, mit Kindern über die verschiedenen Ausdrücke zu sprechen: Nicht jeder empfindet diese Bezeichnungen gleich – was für den einen gut und richtig klingt, kann für den anderen peinlich oder unangenehm klingen. Jeder darf für sich Bezeichnungen wählen, die er mag. Er sollte jedoch auch auf die Gefühle der anderen Rücksicht nehmen.

Personen beschreiben

Es geht darum, den anderen möglichst genau und bewusst wahrzunehmen. Wie gut kennen wir einander? Wie viel wissen wir voneinander?

Alter: ab 8 Jahren
Anzahl: 3 Kinder und mehr
Materialien: Körperumriss auf einem großen Bogen Papier, Stifte

Ein Kind aus der Runde, das durch Auszählen bestimmt wurde, wird aus dem Zimmer geschickt. Ein Körperumriss wird an die Wand gehängt. Die übrigen Kinder überlegen, welche Körpermerkmale zu dem herausgeschickten Kind gehören. Welche Haarfarbe und Frisur hat es, welche Augenfarbe, welche Kleidung trägt es, wie sehen seine Schuhe aus... Diese Merkmale werden in den Körperumriss gemalt. Dann wird das Kind wieder herein gebeten und mit dem ausgefüllten Körperumriss verglichen. Stimmt alles? Fehler können korrigiert und Fehlendes darf ergänzt werden.

Variation

Ein Kind denkt an eine bestimmte Person, die sich im Raum befindet. Die anderen Kinder sollen versuchen mit möglichst wenig Fragen, die nur mit ja oder nein beantwortet werden dürfen, heraus zu finden, um wen es sich handelt. Zum Beispiel: Ist die gesuchte Person männlich? Ist sie ein Kind? Ist sie groß? Ist sie blond? Ist sie schlank?... Es kann vorher festgelegt werden, nach wie vielen Fragen die Person spätestens erraten werden soll.

Spiegelbilder

Alter: ab 3 Jahren
Anzahl: 2 Kinder und mehr
Materialien: keine

Die Kinder finden sich zu Paaren zusammen und stehen einander gegenüber. Ein Kind stellt einen Bewegungsablauf dar oder macht einen Tanz vor. Das andere Kind versucht, die Bewegungen möglichst genau und gleichzeitig nachzumachen. Hier heißt es nicht nur genau hinschauen, sondern auch schnell reagieren.

Wer bin ich?

Alter: ab 5 Jahren
Anzahl: 5 Kinder und mehr
Materialien: Augenbinden

Einem Kind werden die Augen verbunden. Ein anderes Kind stellt sich vor es hin und führt dessen Hände an sein eigenes Gesicht. Das Kind mit den verbundenen Augen soll ertasten, um wen es sich handelt. Dabei muss es natürlich darauf achten dem Gegenüber nicht weh zu tun. Wenn es mit Tasten allein nicht weiter kommt, darf es das Kind bitten, einen Ton von sich zu geben, um es anhand der Stimme zu identifizieren.

Verwandlungen

Alter: ab 5 Jahren
Anzahl: 2 Kinder und mehr
Materialien: evtl. Kleidungsstücke, Haarspangen, Ketten...

Die Kinder finden sich zu Paaren zusammen und betrachten einander genau. Sie müssen versuchen sich jede Kleinigkeit einzuprägen, denn nach einiger Zeit drehen sie einander den Rücken zu oder ein Kind verlässt den Raum und beide Partner verändern etwas an ihrem Aussehen. Eine Brille kann abgenommen werden, eine Kette angelegt, eine Haarspange ins Haar geklemmt, ein Halstuch ausgezogen werden...

Die Paare finden sich wieder ein und jeder versucht festzustellen, was sich an seinem Partner verändert hat. Wenn die Spielpartner sich absprechen, können auch mehrere Dinge verändert werden (etwa drei bis vier).

Variation

Alle Kinder sitzen im Kreis. Ein Kind geht in die Mitte und betrachtet alle anderen ganz genau. Dann verlässt es den Raum und ein Kind aus dem Kreis verändert sein Aussehen. Das Kind wird wieder herein gerufen und soll die Veränderung finden.

Hinweis Die Kindergruppe darf nicht zu groß und unüberschaubar sein. Die Kinder könnten auch die Plätze tauschen, während das Kind vor der Tür wartet. Wer hat den Platz getauscht?

Suchen und finden

Auch das hat etwas mit der eigenen Körperwahrnehmung zu tun! Es gilt hier zu unterscheiden, wie sich verschiedene Dinge am Körper, an der Hand, an den Füßen und vielleicht auch mit verbundenen Augen im Gesicht anfühlen.

Alter: ab 3 Jahren
Anzahl: 1 Kind und mehr
Materialien: 1 Körbchen oder Tasche

Die Kinder erhalten den Auftrag, Dinge mit bestimmten Eigenschaften zu finden, z. B. etwas Hartes, Weiches, Kuscheliges, Rundes, Eckiges, Raues, Glattes...
Sie machen sich auf den Weg, um im Haus oder im Freien entsprechende Dinge zu finden. Wer hat am schnellsten zu jeder Eigenschaft etwas Passendes gefunden? Jeder darf die Fundstücke der anderen betasten und befühlen. Fühlt sich der Gegenstand angenehm oder unangenehm, vielleicht sogar eklig an?

Weiterführende Spielideen:

- Alle Fundstücke werden auf einen Tisch oder in einen Korb gelegt und mit einem Tuch abgedeckt. Reihum fasst jedes Kind unter das Tuch, ergreift einen Gegenstand, beschreibt, was es fühlt und versucht zu erraten, worum es sich handelt. Hat es richtig geraten, darf es den Gegenstand an sich nehmen, andernfalls wird er allen gezeigt und wandert wieder unter das Tuch.
- Einem Kind werden die Augen verbunden. Ein anderes nimmt einen Gegenstand aus dem Korb und streicht dem „blinden" Kind damit über die Wange. Was ist das? Wie fühlt sich das an?
- Der Gegenstand kann auch einem sitzenden Kind zwischen die nackten Füße gelegt werden. Dort darf er so lange hin und her gerollt und bewegt werden, bis er identifiziert ist.

Frottage

Alter: ab 5 Jahren
Anzahl: 2 Kinder und mehr
Materialien: Papier, weiche Stifte (Blei- oder Buntstifte, evtl. Wachsmalkreiden oder Straßenmalkreiden)

Frottage heißt normalerweise, die Struktur bestimmter Gegenstände mit einem Stift auf eine Papierfläche durchzuzeichnen. Hier machen wir es einmal anders: Die Kinder werden selbst zu den Gegenständen, die abgebildet werden sollen!
Ein Kind legt sich auf den Boden und wird mit einem großen Bogen Papier abgedeckt. Die anderen Kinder malen mit weichen Zeichenutensilien die Umrisse und hervorstehenden Merkmale des Kindes vorsichtig durch.
Wenn man das Papier ein wenig um das Kind herumdrückt, können auch die Ohren mit durchgezeichnet werden. Macht viel Spaß und ist eine kitzelige Angelegenheit!

Schau genau

Alter: ab 4 Jahren
Anzahl: 1 Kind und mehr
Materialien: verschiedene kleine Gegenstände wie Buntstift, Kaffeelöffel, Murmel, Perle, Radiergummi, Baustein..., 1 Tuch, 1 Tablett

Die Gegenstände werden auf das Tablett gelegt und etwa 30 Sekunden lang genau betrachtet. Danach wird das Tablett abgedeckt.

- Reihum soll jedes Kind einen Gegenstand nennen.
- Ein Spieler soll versuchen möglichst viele Gegenstände zu nennen.
- Die Spielleitung nimmt verdeckt einen oder mehrere Gegenstände vom Tablett oder legt einige dazu. Wer weiß, was dazu gekommen ist oder fehlt?

Geräuschmemory

Alter: ab 5 Jahren
Anzahl: 1 Kind und mehr
Materialien: leere Filmdöschen oder Streichholzschachteln, verschiedene kleine Gegenstände zum Füllen in doppelter Ausführung, z. B. Perlen, Reißnägel, Steine, Knöpfe...

Spielvorbereitung:
Jeweils zwei Döschen mit gleichen Gegenständen füllen.

Spielablauf:
Aufgabe der Kinder ist es, die Dosen zu schütteln und genau hinzuhören, um die passenden beiden Dosen zusammenstellen zu können. Erst wenn alle Dosen zugeordnet wurden, wird der Inhalt kontrolliert.
Es können auch mehrere Kinder reihum spielen wie beim gewöhnlichen Memoryspiel.

Nachts im Zaubergarten

Alter: ab 4 Jahren
Anzahl: 5 Kinder und mehr
Materialien: verschiedene Instrumente oder andere Dinge, mit denen Geräusche erzeugt werden können

Einem Kind werden die Augen verbunden. Alle anderen Kinder nehmen ein Instrument in die Hand. Auf ein Zeichen der Spielleitung hin bewegt sich das Kind mit den verbundenen Augen vorsichtig durch den Raum. Droht es an ein Kind zu stoßen, erzeugt dieses zur Warnung einen Ton auf seinem Instrument. Nach einiger Zeit werden die Rollen getauscht.
Die Kinder können auch ohne Hilfsmittel spielen und mit ihrem Körper Geräusche erzeugen, indem sie klatschen, summen, pfeifen, stampfen...

Geräusche sammeln

Alter: ab 5 Jahren
Anzahl: 2 Kinder und mehr
Materialien: keine, evtl. Geräuschinstrumente

Ein Kind beginnt und erzeugt ein Geräusch. Das nächste Kind ahmt dieses Geräusch nach und fügt ein weiteres Geräusch an. Das nächste Kind ahmt beide Geräusche nach und fügt ein drittes Geräusch hinzu usw.
Die Kinder können wieder Körpergeräusche selbst oder mit Instrumenten erzeugen.

Geräusche raten

Alter: ab 4 Jahren
Anzahl: 2 Kinder und mehr
Materialien: verschiedene Gegenstände, mit denen Geräusche erzeugt werden können

Einem Kind werden die Augen verbunden. Ein anderes Kind erzeugt ein Geräusch: Es reißt Papier, öffnet ein Fenster, klatscht auf den Tisch, lässt ein Geldstück fallen...
Ist das Geräusch richtig erraten, werden die Rollen getauscht.
Wenn eine größere Kindergruppe spielt, kann ein Kind hinter dem Rücken aller anderen das Geräusch erzeugen. Wer zuerst erkannt hat, worum es sich handelt, darf das nächste Geräusch machen.

Was riechst du?

Alter: ab 5 Jahren
Anzahl: 1 Kind und mehr
Materialien: Gläser mit Schraubverschluss, verschiedene intensiv riechende Materialien oder flüssige Stoffe (Gewürze, Kräuter, Seife, Essig, Kaffee, Reinigungsmittel...), Watte, Augenbinde

Spielvorbereitung:
In jedes Glas wird ein duftender Gegenstand oder etwas Watte gelegt, die mit einer der Flüssigkeiten beträufelt wurde.

Spielablauf:
Die Kinder schnuppern an den Gläsern und raten, um welchen Gegenstand oder welche Flüssigkeit es sich handelt.
Impulsfragen:
Riecht es angenehm oder unangenehm?
Woran denkst du bei diesem Geruch?

Variation

Einem Kind werden die Augen verbunden, bevor es an einer Duftprobe schnuppern darf. Das Gläschen wird zu den anderen zurückgestellt und dem Kind die Augenbinde abgenommen.
Durch erneutes Riechen an allen Proben soll es „seine" Duftprobe wieder finden.

Geschmackssache

Alter: ab 4 Jahren
Anzahl: 1 Kind und mehr
Materialien: kleine Kostproben verschiedener Nahrungsmittel und Getränke, z. B. Obst- und Gemüsestückchen, Kräuter, Tees, Säfte..., Augenbinde

Einem Kind werden die Augen verbunden und es erhält eine Kostprobe. Kann es erkennen, worum es sich handelt? Die Kinder können den Geschmack beschreiben, bevor sie sagen, worum es sich ihrer Meinung nach handelt.

Hinweis Jüngere Kinder sollten vorher alle Nahrungsmittel sehen können.
Wenn sie etwas nicht kennen, dürfen sie davon probieren.
Bevor sie sagen, worum es sich handelt, wird die Probe zurückgestellt und die Augenbinde abgenommen. So können sie alle Kostproben wieder sehen, was ihnen die Auswahl erleichtert.

Kitzelparcours

Alter: ab 3 Jahren
Anzahl: 1 Kind und mehr
Materialien: verschiedene Substanzen, die sich zum Begehen eignen (z. B. Sand, Kieselsteine, Stroh, Heu, Watte, Moos, Korkplatten, Gras, Styroporschnipsel, Teppichreste, Schaumstoff, Plastikfolie...), evtl. Augenbinden und Behälter (Deckel von Schuhkartons oder Plastikschalen)

Spielvorbereitung:
Die Materialien werden zu einem „Kitzelweg" ausgelegt.

Spielablauf:
Die Kinder begehen den Parcours und betasten die unterschiedlichen Materialien mit den Füßen. Wie fühlen sie sich an (glatt – rau, kalt – warm, angenehm – unangenehm)?
Wer mag, schließt die Augen oder legt eine Augenbinde an und begeht den Weg noch einmal. Können die Materialien mit verbundenen Augen unterschieden werden?
Auch die Hände können zu Hilfe genommen werden.
Wenn das Material in flache Schachteln oder Wannen gefüllt wird, kann auch im Haus gespielt werden. Nach jedem Durchgang können die Behälter schnell umgereiht werden.

Blinde Schatzsuche

Alter: ab 4 Jahren
Anzahl: 1 Kind und mehr
Materialien: 1 dickes Seil, kleine Schätze, Augenbinden

Ein Kind zieht Schuhe und Strümpfe aus. Ihm werden die Augen verbunden. Das Seil wird in Windungen auf dem Boden ausgelegt. Am Ende des Seilweges liegt der Schatz, den das Kind finden soll, indem es sich mit den Füßen am Seil entlang tastet. Bevor es den Schatz an sich nehmen kann, muss es natürlich durch Abtasten mit den Füßen erkannt haben, worum es sich handelt!

Variationen

- Der Schatz liegt in einer Wasserschüssel und muss unter Wasser „erfüßelt" werden.
- Es können auch zwei Kinder gegeneinander spielen, wenn der Gegenstand in die Mitte des Seiles gelegt wird.
  Die Kinder starten auf ein Zeichen der Spielleitung gleichzeitig und versuchen möglichst schnell zum Schatz zu gelangen. Die Spielleitung muss darauf achten, dass die Kinder in der Mitte nicht zusammenstoßen.

Wo warst du?

Alter: ab 4 Jahren
Anzahl: 1 Kind und mehr
Materialien: Augenbinden

Einem Kind werden die Augen verbunden. Nun wird es von einem anderen Kind blind an eine andere Stelle im Raum geführt. Es betastet die Stelle (den Boden, die Wand, einen Sessel oder Tisch..., je nachdem, wohin es geführt wurde).
Wenn es meint, alle wichtigen Details ertastet zu haben, wird es an die Ausgangsstelle zurück gebracht. Das Kind nimmt die Augenbinde ab und versucht zu erraten, wohin es blind geführt wurde.

Hinweis Weitere Spiele, die zu einer Intensivierung der Körperwahrnehmung geeignet sind und den Tast- und Berührungssinn anregen, finden Sie im Kapitel „Mein Körper gehört mir / Berührungsspiele und Massagen" (S. 67).

Wilde Kerle spielen – Wett-, Mannschafts- und Fangspiele

Bei Wett- und Mannschaftsspielen messen Kinder ebenso wie bei Kämpfen und Rangeleien ihre Kräfte und Fähigkeiten. Sie trainieren Kraft, Schnelligkeit und Körperbeherrschung und vergleichen sich mit anderen, wodurch ihnen neben ihren Fähigkeiten auch ihre Grenzen bewusster werden. Nur wer seine Kräfte richtig einschätzen kann, ist in der Lage so damit umzugehen, dass er sich und anderen nicht wehtut. Bei spontanen Kämpfen und Rangeleien müssen Kinder selbst Grenzen setzen und darauf achten, einander nicht zu verletzen. Sie müssen wahrnehmen und akzeptieren, wenn andere aufhören möchten und selbst deutlich zeigen, wenn sie keine Lust mehr haben. Das gelingt ihnen nicht immer. Aus Spiel wird Ernst, die spielerischen Auseinandersetzungen eskalieren.

Bei Wett- und Mannschaftsspielen werden durch verbindliche Regeln eindeutig Grenzen vorgegeben, die von allen geachtet werden müssen. Der Spielverlauf ist klar festgelegt, Grenzüberschreitungen werden als Regelüberschreitungen schnell offensichtlich und haben absehbare Folgen: Wer z. B. eine Grenzmarkierung überschreitet, scheidet aus. Wer nicht rechtzeitig stehen bleibt, muss sich zur Startlinie zurück begeben. Wer auf den Kopf anstatt auf den Po zielt, erhält einen Strafpunkt. Wer nicht mehr kann, darf sich am Freimal ausruhen... Diese eindeutig vorgegebenen Grenzen ermöglichen Kindern gefahrlos Erfahrungen mit Grenzen und Grenzüberschreitungen zu sammeln.

Wenn für Mannschaftsspiele Teams gebildet werden, üben Kinder das Miteinander ebenso wie das Gegeneinander. Häufig geht es darum eigene Territorien abzustecken, in fremde Reviere einzudringen, Grenzen zu verteidigen, Widerstand zu leisten und natürlich auch darum einander zu helfen.

Die Freude am gemeinsamen Spiel und der Spaß an Bewegung steht bei Wettspielen im Vordergrund! Wenn Sie auf ein ausgewogenes Verhältnis der Spiele achten und Spiele anbieten, bei denen jeder einmal gewinnen kann, wird sich auch ein Wettspiel hin und wieder durchaus fördernd auf das Selbstvertrauen eines Kindes auswirken. Zu gewinnen oder zu verlieren sollte aber im Hintergrund stehen und auch durch Erwachsene nicht besonders betont werden.

Der hungrige Riese

Alter: ab 5 Jahren
Anzahl: 2 Kinder und mehr, evtl. Spielleitung
Materialien: Straßenkreide oder für Sandflächen 1 Stock

Spielvorbereitung:
Auf den Boden wird ein Riesenkopf mit Augen, Nase und einem großen Mund gezeichnet.

Spielablauf:
Zwei oder mehr Kinder stellen sich am Rand des „Kopfes“ auf und kreuzen die Arme vor der Brust. Auf ein Zeichen der Spielleitung hin oder nachdem die Kinder gemeinsam bis drei gezählt haben, versuchen sie sich gegenseitig in den Mund des Riesen zu drücken. Es darf nur mit dem Körper ohne direkten Einsatz der Hände gedrückt werden. Wer die Linie überschreitet und in den Mund des Riesen tritt, wird vom Riesen gefressen und scheidet aus. Wer zuletzt übrig bleibt, hat gewonnen.

Variationen

- Alle Kinder fassen sich an den Händen und versuchen durch Reißen, Zerren und Ziehen die anderen in den Mund des Riesen treten zu lassen. Wer übertritt, scheidet aus.

- Noch viel mehr Spaß macht das Spiel im Sommer an einer Regenpfütze! Die Kinder stellen sich nur in der Badehose oder mit Gummistiefeln um die Pfütze herum auf und fassen sich an den Händen. Sie versuchen sich gegenseitig in die Pfütze zu ziehen. Wer in die Pfütze tritt, scheidet aus. Es wird so lange weiter gespielt, bis der Sieger feststeht.
- ‚Schiffbruch': Alle haben Schiffbruch erlitten. Sie finden eine kleine Insel, auf der aber nur für einen Schiffbrüchigen Platz ist. Zwei Kinder stehen oder sitzen Rücken an Rücken in einem Kreis und versuchen sich gegenseitig aus dem Kreis zu drängen. Der Kreis markiert die winzige Insel im Meer. Wer aus dem Kreis rutscht, bekommt nasse Füße oder einen nassen Po. Die anderen Schiffbrüchigen „schwimmen" um die Insel und feuern die Kämpfer an. Der Sieger versucht sein Revier gegen den nächsten Schiffbrüchigen zu verteidigen.

Arm drücken und Fingerhakeln

Alter: ab 5 Jahren
Anzahl: 2 Kinder
Materialien: keine

Zwei Kinder sitzen einander am Tisch gegenüber. Beide stützen ihre Ellenbogen des rechten oder linken Arms auf und fassen sich an den Händen. Nun versucht jeder den Arm des Gegenübers nieder zu drücken – die Kinder messen ihre Kräfte.

Variation

Die Kinder verhakeln die Mittelfinger und versuchen sich gegenseitig „über den Tisch zu ziehen".

Fußpresse

Alter: ab 4 Jahren
Anzahl: 2 Kinder
Materialien: 1 runde Wachstuch-Tischdecke

Zwei Spielpartner sitzen einander gegenüber auf dem Boden auf einer Wachstuch-Tischdecke und legen die Fußsohlen aneinander. Die Hände können am Boden aufgestützt werden. Jeder versucht nun den anderen von der Tischdecke herunter zu schieben.

Luftballonstampfen

Alter: ab 5 Jahren
Anzahl: 6 Kinder und mehr, Spielleitung
Materialien: Luftballons in verschiedenen Farben, Schnüre

Es können zwei oder mehr gleichstarke Gruppen gebildet werden. Jede Gruppe erhält Luftballons in einer bestimmten Farbe. Die Ballons werden aufgeblasen, zugeknotet und mit den Schnüren an den Fußgelenken festgeknotet.
Auf ein Signal der Spielleitung versuchen die Kinder die Luftballons der gegnerischen Gruppe(n) zu zertreten und gleichzeitig die eigenen Ballons zu schützen.
Die Gruppe, deren Luftballons zuerst alle geplatzt sind, hat verloren.
Die Kinder dürfen einander nicht stoßen oder festhalten. Wenn ein Kind hinfällt, darf so lange nicht auf seinen Ballon getreten werden, bis es wieder aufgestanden ist.

Tag und Nacht

Alter: ab 6 Jahren
Anzahl: 10 Kinder und mehr, Spielleitung
Materialien: Kreide oder andere Spielfeldmarkierung

Spielvorbereitung:
Das Spielfeld ist etwa 20 bis 40 Meter lang und wird in der Mitte mit einem Kreidestrich unterteilt. An beiden Enden des Spielfeldes wird eine „Rettungslinie“ angebracht, hinter der die Kinder nicht mehr gefangen werden können.

Spielablauf:
Die Kinder teilen sich durch Losen oder Abzählen in zwei Gruppen und stellen sich entlang der Mittellinie Rücken an Rücken auf. Alle machen zwei Schritte vorwärts, so dass die Reihen schließlich vier Schritte entfernt voneinander stehen.
Eine Gruppe erhält die Losung „Tag“, die andere Gruppe die Losung „Nacht“.
Ruft die Spielleitung „Tag“, verfolgt die entsprechende Gruppe die andere bis zur Rettungslinie.
Erfolgt die Losung „Nacht“, wird umgekehrt gefangen.
Wenn ein Kind gefangen ist, wechselt es die Gruppe.

Fangen mit Freimal

Alter: ab 4 Jahren
Anzahl: 5 Kinder und mehr
Materialien: Kreide

Spielvorbereitung:
An einer beliebigen Stelle auf dem begrenzten Spielfeld wird mit der Kreide ein Kreis markiert, der das Freimal sein soll.

Spielablauf:
Ein Kind wird zum Fänger und versucht ein anderes Kind zu erwischen, das der nächste Fänger wird. Ermüdete Läufer dürfen sich im Freimal ausruhen. Allerdings nur für eine begrenzte Zeit und zwar so lange, bis der Fänger sich in drei Schritten Entfernung vor dem Freimal aufstellt und ruft: *2 mal 2 ist 4, wer nicht rauskommt, gehört mir!* Daraufhin müssen alle das Freimal sofort verlassen.

Variation

‚Kauerfangen‘: Wer außer Puste geraten ist, kann sich durch plötzliches Einnehmen einer vorher vereinbarten Stellung vor dem Fangen schützen. Zum Beispiel: durch in die Hocke gehen, Rücken- oder Bauchlage...

Fangspiel mit Ablösung

Alter: ab 6 Jahren
Anzahl: 10 Kinder und mehr
Materialien: keine

Alle Kinder stellen sich in einem großen Kreis mit dem Gesicht zur Kreismitte auf, wobei immer zwei Kinder hintereinander stehen. Rechts und links zwischen den Paaren sollte so viel Platz bleiben, dass ein Kind gut hindurch laufen kann.
Ein Fänger und ein Gejagter werden durch Auszählen bestimmt. Sie laufen außen um den Kreis herum. Wird der Gejagte müde, läuft er in den Kreis und stellt sich schnell vor eines der Paare.
Das hintere Kind muss nun an seiner Stelle weiter laufen. Bevor der Jäger völlig erschöpft ist, darf auch er sich vor ein Paar stellen und das Kind, das hinten steht, wird zum Fänger.
Wird ein Kind gefangen, werden schnell die Rollen getauscht.

Der Gänsedieb

Alter: ab 6 Jahren
Anzahl: 8 Kinder und mehr, jedoch gerade Spielerzahl
Materialien: keine

Ein Kind spielt den Dieb und geht in die Mitte. Die anderen Kinder stellen sich im Kreis auf. Sie hüpfen um den Dieb herum und singen: „Fuchs, du hast die Gans gestohlen."
Klatscht der Dieb zweimal in die Hände, sucht sich jedes Kind einen Partner. Wer nicht schnell genug einen Partner findet, wird vom Dieb verfolgt und gefangen. Er ist beim nächsten Spiel der Dieb.

Komm mit! Lauf weg!

Alter: ab 6 Jahren
Anzahl: 8 Kinder und mehr
Materialien: keine

Die Kinder stellen sich im Kreis auf. Ein Kind läuft um den Kreis herum und klopft einem beliebigen Kind auf den Rücken.
Ruft es dazu: *Komm mit!*, muss das Kind ihm folgen und versuchen den frei gewordenen Platz vor dem Läufer zu erreichen.
Ruft es: *Lauf weg!*, muss es in entgegengesetzter Richtung losrennen und ebenfalls versuchen den freien Platz zu erreichen. Wer zu spät kommt, ist Läufer und setzt das Spiel auf die gleiche Weise fort.

Das tut mir gut und macht mich stark!

Wenn Kinder ihren Körper kennen und sich in ihm wohl fühlen sollen, ist es notwendig, dass sie ihre Bedürfnisse – auch die Bedürfnisse ihres Körpers – bewusst wahrnehmen. Kinder sollen dafür sensibilisiert werden, was ihnen und ihrem Körper gut tut und was ihm eher schadet. Dazu gehört das Wissen um eine gesunde Ernährung ebenso wie die Bedeutung von Bewegung oder das Bedürfnis nach Erholung und Schlaf zu erkennen.
Kinder, die sich viel bewegen, werden nicht nur körperlich kräftiger, sondern fühlen sich auch stärker und sicherer – sie entwickeln Mut und Selbstvertrauen, weil sie wissen, was sie können und was sie sich zutrauen können.
Kinder sollten aber außerdem erfahren, dass es nicht nur körperliche Stärke gibt, sondern dass auch andere Fähigkeiten und Eigenschaften stark und wehrhaft machen können, etwa eine schnelle Reaktion, ein sicheres und entschiedenes Auftreten usw.
Voraussetzung für solche innere Stärke ist, dass die Fähigkeit zur Selbsteinschätzung trainiert werden kann. Gezielte Bewegungsanimationen sollten nur Ergänzung sein: Kinder brauchen daneben ausreichend Gelegenheit, sich frei und ihren eigenen Bedürfnissen entsprechend bewegen zu können.

Über Stock und Stein

Alter: ab 3 Jahren
Anzahl: 1 Kind und mehr
Materialien: Langbänke, Klettergerüste oder Barren, Stöcke, Bälle, Matten

Spielvorbereitung:
Mit den Materialien werden zwei gleiche Hindernisparcours vorbereitet.

Spielablauf:
Die Kinder teilen sich in zwei Gruppen auf. Jedes Gruppenmitglied soll den Parcours überwinden und sich am Ziel schnell auf den Boden setzen. Die Gruppe, die als erste vollzählig am Boden sitzt, hat gewonnen.
Den Kindern kann vorgegeben werden, auf welche Weise sie bestimmte Hindernisse überwinden sollen, z. B. sich bäuchlings oder rücklings über die Langbank ziehen, sich über die Bank schieben, über die Bälle hüpfen...

Variationen

- Es kann auch ein Staffellauf stattfinden: Jede Gruppe teilt sich – die eine Hälfte steht am Start, die andere am Ziel des Parcours. Wenn das erste Kind am Ziel angekommen ist, startet das nächste Kind vom Ziel aus und macht sich auf den Rückweg und so fort, bis alle Kinder den Parcours einmal durchlaufen haben. Welche Gruppe war schneller?
- Schwieriger wird es, wenn die Kinder sich mit einem Gegenstand (z. B. einem Ball) auf den Weg machen und diesen übergeben müssen.

Mücken fangen

Alter: ab 4 Jahren
Anzahl: 1 Kind
Materialien: Papierkügelchen oder Bonbons, Trampolin

Spielvorbereitung:
Die Papierkügelchen oder Bonbons werden über dem Trampolin aufgehängt.

Spielablauf:
Die Kinder werden zu Fröschen, die sich auf Mückenjagd machen. Sie springen dazu auf dem Trampolin und versuchen möglichst viele Papierkügelchen oder Bonbons zu erwischen.

Variation

Alternativ können über dem Trampolin auch Papiervögel aufgehängt werden, die die Kinder anstoßen, damit sie fliegen.

Hinweis Achtung, nur auf einem großen Trampolin spielen und sichern. Wenn die Kinder nach oben sehen, könnten sie leicht über den Rand springen und sich verletzen.

Ich bin spitze! – Du bist spitze!

Alter: ab 6 Jahren
Anzahl: 2 Kinder und mehr, Spielleitung
Materialien: je nach Aufgabenstellung

Spielvorbereitung:
Ein ‚Aufgabenpfad' wird zusammengestellt und vorbereitet, etwa wie eine kleine Rallye mit unterschiedlichsten Aufgaben, die verschiedenste Fähigkeiten der Kinder berücksichtigen. Zum Beispiel: schnell laufen, weit hüpfen, etwas malen oder beschreiben, ein Lied summen, die anderen zum Lachen bringen...

Spielablauf:
Die Spielleitung begleitet die Kinder zu den einzelnen Stationen und erklärt ihnen, was hier gemacht werden muss. Die Kinder entscheiden gemeinsam, wer von ihnen die Aufgabe am besten erfüllen kann und lösen darf. Wird ein Kind, das besonders ruhig oder schüchtern ist, von den anderen immer wieder übergangen, macht sie die Spielleitung auf dessen Fähigkeiten aufmerksam.

Hinweis Dieses Spiel hilft besonders den Kindern, die sich selbst wenig zutrauen, also wenig Selbstwertgefühl besitzen. Nicht selten sind sie ganz erstaunt, wenn andere ihnen spontan sagen, was sie besonders gut können. Das macht Mut! Kinder können nicht nur ihre eigenen Stärken kennen lernen, sondern auch die Stärken der anderen wahrnehmen und anerkennen.
Eine Nachbereitung dieses Spiels ist sinnvoll. **Impulsfragen:** Was hat gut geklappt, was nicht? Warum nicht? Wer hätte Hilfe gebraucht?

Moppel hat Hunger
(Figuren- oder Rollenspiel)

Alter: ab 3 Jahren
Anzahl: 1 Kind und mehr
Materialien: Handpuppe oder Verkleidungsutensilien, evtl. einige Bilder von verschiedenen Speisen (z. B. Obst, Salat, Gemüse, Schokolade...) – besonders eignen sich auch Kleinteile aus dem Kaufladen und verschiedene andere kleine Gegenstände wie Legofiguren, Spielzeugautos, Reißnägel..., Körbchen

Moppel, der kleine Hase, möchte groß und stark werden und hat einen riesigen Hunger. Moppel geht von Kind zu Kind und fragt:
Hallo Jana, was gibst du mir zu fressen?
Die Kinder denken sich alle möglichen und unmöglichen Dinge aus, die sie Moppel geben würden. Moppel kommentiert ihre Vorschläge: *Oh, wie lecker! – Igitt, das mag ich nicht!*
Alternativ kann auch ein Korb mit kleinen Gegenständen und Nahrungsmitteln aufgestellt werden. Die Kinder wählen ein Teil aus und füttern Moppel damit.
Oder sie malen auf kleine Kärtchen, womit sie Moppel füttern möchten.
Moppel darf von jedem gefüttert werden. Wenn er etwas Falsches erwischt und auch noch probiert, kann er sich mit Bauchschmerzen winden oder es wieder ausspucken.

Variation

Die Kinder spielen die Raupe Nimmersatt. Ein Kind zieht einen viel zu großen Pullover und eine Latzhose an. Es geht als Raupe Nimmersatt von Kind zu Kind und bittet um Futter.
Wieder lassen sich die Kinder alle möglichen und unmöglichen Sachen einfallen. Alles, was die Raupe wirklich fressen kann, verschwindet in der Latzhose. Wenn die Raupe Nimmersatt von jedem Kind gefüttert wurde, schlüpft sie aus dem Pullover und der Latzhose, ergreift zwei bereit gelegte bunte Tücher und flattert als wunderschöner Schmetterling umher.
Auf diese Weise können die Kinder alle möglichen Tiere füttern. Sie schreien oder brüllen, wenn sie etwas Falsches bekommen und schmatzen zustimmend, wenn ihnen etwas schmeckt. Manche von ihnen hören erst auf zu schreien, wenn sie etwas besonders Leckeres, wirklich Essbares zu fressen bekommen.

Moppel ist krank
(Figuren- oder Rollenspiel)

Alter: ab 4 Jahren
Anzahl: 1 Kind und mehr
Materialien: Handpuppen, Doktorkoffer

Moppel ist krank, es geht ihm so schlecht, dass er ins Krankenhaus gebracht wird. Dort wartet ein Arzt auf ihn, der absolut nichts von seinem Handwerk versteht und die unmöglichsten Dinge mit Moppel anstellen möchte.
Er wickelt ihn von oben bis unten mit Binden ein, obwohl Moppel doch Bauchweh hat. Oder er verschreibt ihm Tee für seine gebrochene Pfote, er verordnet ihm laute Musik, damit er sein Kopfweh nicht mehr hört oder eine Augenklappe, damit er sein schmerzendes Ohr nicht mehr sieht...
Moppel ruft die Kinder zu Hilfe, die dem Arzt zeigen können, wie er richtig mit dem kranken Moppel umgehen muss.

Variation

Moppel hat Zahnweh: Er weiß nicht, was er tun soll und probiert alles Mögliche aus. Er versucht den Zahn zu streicheln – hilft nicht! Er klopft mit einem kleinen Hammer darauf – hilft nicht! Er macht einen Kopfstand – nützt auch nichts!
Die Kinder machen ihm Vorschläge, was er noch ausprobieren könnte. Zu guter Letzt lan-

det Moppel beim Zahnarzt. Was kann Moppel künftig tun, damit er keine so schrecklichen Zahnschmerzen mehr bekommt?

Weiterführende Spielidee: Ein Kind wird als Kranker im Krankenhaus eingeliefert oder muss mit Zahnschmerzen zum Zahnarzt. Die Kinder werden entsprechend präpariert: rote Fingerfarbe als Blut, ein großes Stück Apfel in der Backe und ein Tuch darum gebunden...
Die Spielleitung übernimmt die Rolle des Arztes und stellt erst einmal ein paar Fragen: Was fehlt dem Kind? Warum ist es krank geworden? Wie hat es sich verletzt?... Dann schlägt sie die unmöglichsten Sachen vor, die sie mit dem Kranken machen möchte. Die Kinder werden schnell eingreifen, das kranke Kind retten und zeigen, wie mit einem Kranken umzugehen ist.

Moppel will nicht schlafen

Alter: ab 4 Jahren
Anzahl: 1 Kind und mehr
Materialien: Handpuppe

Moppel ist schrecklich müde, will aber einfach nicht schlafen. Immer wieder fallen ihm fast die Augen zu und er bittet die Kinder um Hilfe. Was könnte er tun, damit er nicht einschläft?
Tanzen – hilft eine Weile, dann wird es zu anstrengend. Singen – macht bald keinen Spaß mehr. Lesen oder Fernsehen – da fallen die Augen ja wie von selbst zu. Laute Musik hören – nervt und macht Kopfweh...
Schließlich schläft Moppel trotz aller Bemühungen doch ein.
Impulsfrage: Warum muss man eigentlich schlafen?

Moppel spielt Babysitter

Alter: ab 4 Jahren
Anzahl: 1 Kind und mehr
Materialien: Handpuppen

Moppel soll das Baby der Nachbarn hüten und ist ganz sicher, dass er das perfekt kann. Deshalb möchte er ihre guten Ratschläge auch gar nicht hören.
Doch kaum sind die Eltern des Babys weg, beginnt das Kind zu weinen. Moppel probiert die verschiedensten (unmöglichen) Dinge aus, aber nichts nützt. Jetzt ist guter Rat teuer – die Kinder können ihm sicher helfen!

Weiterführende Spielidee: Ein Kind wird zu Nachbars Baby, Omas Hund, dem Papagei der Tante, der Katze des Onkels... Die anderen Kinder sollen Kind oder Tier versorgen und stellen die verschiedensten Dinge damit an.
So kommen Fragen nach den Bedürfnissen eines Babys, eines Hundes usw. zur Sprache: Was essen sie, wo möchten sie schlafen, womit spielen sie, wo und wie möchten sie sich bewegen...?

Hinweis Die Moppel-Figurenspiele sollen immer als Interaktions- und Animationsspiele verstanden werden. Mit ihrer Hilfe werden die Kinder angeregt, eigene Rollenspielideen für sich selbst im Freispiel durchzuspielen oder als kleine Theaterstücke der übrigen Gruppe vorzuspielen.

Dafür oder dagegen

Alter: ab 8 Jahren
Anzahl: 3 Kinder und mehr
Materialien: keine

Gespielt wird wie bei dem bekannten Spiel „Alle Vögel fliegen hoch".
Ein Kind beginnt und stellt eine Behauptung auf und hebt dabei die Arme hoch, z. B. *Es macht mich stark, wenn ich jeden Tag fünf Minuten renne.* Oder: *Täglich fünf Tafeln Schokolade sind für mich sehr gesund.* Oder: *Ich muss nachts nicht schlafen.*
Die Kinder, die bei einer falschen Behauptung die Arme hoch heben, müssen eine Runde aussetzen, weil ihnen beispielsweise nach fünf Tafeln Schokolade schlecht würde oder weil sie zu müde sind um weiterzuspielen, wenn sie nachts nicht geschlafen haben.
Oder sie müssen eine Aufgabe erfüllen, die zu dem Fehler in der Behauptung passt: Etwa einmal um den Tisch laufen, weil sie von so viel Schokolade dick werden und Bewegung dann gut tun kann. Oder sie singen ein Schlaflied für sich selbst, damit sie nach einer kurzen Pause ausgeruht wieder mitspielen können...

Hinweis Wenn die Kinder eine falsche Behauptung nicht erkennen, kann die Spielleitung nachhaken: Kann das stimmen? Was passiert wohl, wenn man nicht schläft? Wie geht es Tom, wenn er fünf Tafeln Schokolade isst?

Ganz schön schwer: Handicaps

Vielleicht haben Sie in Ihrer Gruppe Kinder mit Behinderungen, etwa ein schielendes Kind, dem ein Auge abgeklebt werden muss, ein Kind im Rollstuhl, ein Kind mit einer spastischen Behinderung... Oder Sie haben beobachtet, wie Kinder andere Kinder mit einer Behinderung ausgelacht haben.
Kinder, die zum ersten Mal mit Behinderungen konfrontiert werden, versuchen manchmal ihre Unsicherheit im Umgang mit Behinderten dadurch zu überspielen, dass sie den Behinderten hänseln oder auslachen. Sie können sich nicht vorstellen, was eine Behinderung bedeutet und sich kaum in den anderen einfühlen.
Durch Rollenspiele und Rollentausch können Kindern Aha-Erlebnisse vermittelt werden. Wenn Kinder ganz konkret erfahren, was es bedeutet, behindert zu sein, werden sie sich besser einfühlen können und mit Behinderten anders umgehen lernen. Sie wissen, wie es sich anfühlt, wenn man nicht richtig gehen und laufen, nicht richtig sehen oder nur mit einer Hand zugreifen kann. Sie haben erfahren, welche Einschränkungen mit einer Behinderung verbunden sind und welche Leistungen erbracht werden müssen, um diese auszugleichen. Sie können deshalb einfühlsamer und respektvoller damit umgehen, denn wie schon Wilhelm Raabe sagte: „An sich selbst muss der Mensch in Erfahrung bringen, wie dem anderen zu Mute ist.“

Fangen mit Handicap

Alter: ab 5 Jahren
Anzahl: 3 Kinder und mehr
Materialien: evtl. Augenklappen...

Ein Kind wird zum Fänger. Es ist als einziges Kind auf irgend eine Weise behindert: Es kann eine Augenklappe tragen, es kann ein krankes Bein haben und muss sich ständig auf einem Bein hüpfend fortbewegen.
Mit dieser Einschränkung muss es ein anderes Kind fangen. Gelingt ihm dies, wird das gefangene Kind zum Fänger, wobei der vorherige Fänger bestimmen darf, welches Handicap es bekommt.

Blind fangen

Alter: ab 8 Jahren
Anzahl: 15 Kinder und mehr, ungerade Zahl
Materialien: Augenbinde

Die Kinder bilden Paare und sitzen einander im Kreis mit etwa ein bis zwei Meter Abstand gegenüber auf dem Boden. Auf diese Weise entsteht ein Außen- und ein Innenkreis und die Kinder bilden eine Gasse. Jedes Paar hat eine Nummer.
Ein Kind hat die Augen verbunden und steht in der Gasse. Es ruft die Nummer eines Paares auf. Dieses Paar steht auf und läuft einmal im Kreis durch die Gasse, um wieder auf seinen Platz zu gelangen. Bei ihrem Rundlauf kommen sie natürlich am „blinden“ Fänger vorbei, der versucht eines der Kinder zu berühren. Gelingt es ihm, so erhält dieses Kind die Augenbinde und ist beim nächsten Durchgang der Fänger.

Fangen mit Handverband

Alter: ab 5 Jahren
Anzahl: 5 Kinder und mehr
Materialien: keine

Ein Fänger versucht die anderen Kinder durch eine Berührung am Bein, am Arm oder am Rücken abzuschlagen. Wer berührt wurde, ist an der berührten Stelle verletzt, muss eine Hand als Verband auf die getroffene Stelle halten und wird zum Fänger. Auf diese Weise ist er beim Laufen wesentlich behindert.

Schweine malen

Alter: ab 5 Jahren
Anzahl: 3 Kinder und mehr
Materialien: Zeichenpapier, Bleistifte, Augenbinde

Reihum bekommt je ein Kind mit einer Augenbinde die Augen verbunden. Nun muss es auf einem Blatt Zeichenpapier ein Schwein malen, so gut es das unter diesen Umständen kann. Die anderen Kinder dürfen helfen, indem sie dem zeichnenden Kind Hinweise geben, wo der Bleistift hin muss.
Die Aufgabenstellung kann variiert werden: Die Kinder malen mit der linken Hand oder mit dem Mund... Natürlich können sie auch andere Tiere malen.
Impulsfrage: An welchen besonderen Merkmalen ist eine Katze, ein Pferd, ein Elefant zu erkennen?

Aufgaben mit Hindernissen

Alter: ab 5 Jahren
Anzahl: 3 Kinder und mehr
Materialien: je nach Aufgabenstellung

Ein Kind erhält von einem anderen eine Aufgabe. Es soll beispielsweise ein Bild malen, ein Lied singen, eine vorgegebene Strecke zurücklegen... Allerdings dürfen sich die Aufgabensteller etwas einfallen lassen, das die Aufgabe wesentlich erschwert.
Zum Beispiel: Dem Kind, das ein Bild malen soll, werden beide Hände verbunden, das singende Kind bekommt ein Pflaster auf den Mund, das Kind, das die Strecke zurücklegen soll, bekommt einen Stock ans Bein gebunden...
Wie kann die Aufgabe trotzdem gelöst werden?
Das Kind, das die Aufgabe lösen soll, darf die anderen um Hilfe bitten. Alle können Vorschläge einbringen, die auch ausprobiert werden.

Variation

Dieses Spiel kann auch als Figurenspiel angeleitet werden: Moppel muss unbedingt einen Brief schreiben, hat aber beide Pfoten gebrochen...

Weiterführende Spielideen:
- Wenn Sie zwei Rollstühle beschaffen können, veranstalten Sie eine „Rollstuhlrallye“.
- Ein „Besenbeine-Hindernislauf“, bei dem den Kindern Besenstiele an die Beine gebunden werden.
- Ein „Siebenmeilenstiefelrennen“, bei dem die Kinder zu große Gummistiefel tragen.

Ferngesteuert

Alter: ab 6 Jahren
Anzahl: 4 Kinder
Materialien: 2 Augenbinden

Normalerweise können sich Blinde von Blindenhunden führen lassen. Diesmal sind die Hunde blind...
Die Kinder bilden zwei Paare und stellen sich im Abstand von etwa 10 bis 20 Metern voneinander entfernt auf. Einem Kind jedes Paares werden die Augen verbunden. Es wird zum ‚blinden Hund' und geht in Krabbelstellung.
Auf ein Startzeichen laufen die Hunde los und versuchen einander zu treffen. Damit ihnen das eher gelingt und nichts passiert, hat jeder Hund einen Hundeführer, der ihm verschiedene Zeichen geben kann. Zieht der Hundeführer sanft am linken Ohr, biegt der Hund nach links ab, zieht er am rechten Ohr, biegt der Hund nach rechts ab. Erhält der Hund einen Stups auf die Nase, muss er für einen kurzen Moment stehen bleiben.
Variante: Die Hunde müssen sich ohne Hundeführer durch „Laut geben" erkennen und einander nähern.

Schneesturm

Ein Spiel, das draußen im Schnee besonders viel Spaß macht: In einem heftigen Schneesturm kann man leicht die Orientierung verlieren – gut, wenn da jemand ist, auf den man sich verlassen kann!

Alter: ab 6 Jahren
Anzahl: 2 Kinder und mehr
Materialien: evtl. Wintermütze

Ein Kind verirrt sich im Schneesturm. Es schließt fest die Augen oder zieht sich die Mütze über das Gesicht. Eine Weile bewegt es sich orientierungslos im Schnee umher, dann ruft es laut um Hilfe.
Sein Helfer lotst es zurück zum Ausgangspunkt, indem er ihm Richtungsangaben zuruft. Zum Beispiel: *Weiter nach rechts, ein Stück geradeaus...* Das verirrte Kind darf dabei nicht berührt werden.

Variation

Es können auch mehrere Paare gegeneinander antreten, wenn eine Start- und eine Ziellinie markiert wird. Wer erreicht zuerst die Ziellinie?

Einbeinig und blind

Alter: ab 7 Jahren
Anzahl: 5 Kinder und mehr
Materialien: keine

Alle Kinder hüpfen auf einem Bein und mit fest verschlossenen Augen auf einem begrenzten Spielfeld herum. Kommt es zu einer Berührung zwischen zwei Kindern, öffnen sie die Augen und begrüßen sich. Anschließend hüpfen sie wieder mit verschlossenen Augen, aber Hand in Hand weiter.
Wann immer sich Kinder begegnen und berühren, begrüßen sie einander und hüpfen fortan gemeinsam weiter. Das geht so lange, bis alle Kinder gemeinsam eine lange Kette bilden. Die Spielleitung sollte darauf achten, dass keine Hindernisse im Weg stehen.

Einfach – oder?

Alter: ab 5 Jahren
Anzahl: 1 Kind und mehr
Materialien: verschiedene Kleidungsstücke und Schuhe, lange Schnur

Verschiedene alltägliche Verrichtungen und Arbeiten sind ganz einfach – solange sie nicht mit bestimmten Einschränkungen bewältigt werden müssen.

- Geradeaus laufen kann jedes Kind. Aber wer kann auch eine vorgegebene Strecke geradeaus laufen und dabei die Augen geschlossen halten?
- Wasser aus einer Flasche in ein Glas gießen, ist gar kein Problem. Doch wie geht es, wenn dabei ein Auge geschlossen oder abgeklebt werden muss?
- Anziehen können sich alle. Aber wer schafft es auch, wenn er seinen Daumen nicht benutzen darf? Wer kann sich blind anziehen?
- Einen Schokokuss fast ohne Kleckerei essen kann jeder. Doch wie geht das, wenn die Hände nicht benutzt werden dürfen?
- Eine Geschichte erzählen macht Spaß. Doch wie kann man eine Geschichte „erzählen“ oder Bedürfnisse vermitteln, wenn man stumm bleiben muss oder die Sprache nicht kennt?

Lippenlesen

Alter: ab 5 Jahren
Anzahl: 2 Kinder und mehr
Materialien: keine

Für etwa fünf Minuten kann ein Kind erleben, wie es ist, taub zu sein. Alle Kinder sprechen mit ihm, aber ohne Stimme, sie bewegen also nur die Lippen. Nach einiger Zeit werden die Rollen getauscht.

Hinweis Auch hier werden interessante Einsichten möglich: Lippenlesen wird einfacher, wenn der Sprechende langsam formuliert und die Mundbewegungen übertrieben deutlich ausführt.

Ich habe Gefühle – du hast Gefühle

Ich erlebe angenehme und unangenehme Gefühle und zeige sie

Gefühle sind wichtig und richtig, weil sie uns sagen können, wie es uns geht. Das funktioniert aber nur, wenn sie bewusst wahrgenommen und richtig interpretiert werden. Deshalb müssen Kinder ihre Gefühle ganz bewusst erleben und wahrnehmen können. Sie müssen lernen auf ihre Gefühle zu hören und ihre Signale zu verstehen. Es gibt so viele verschiedene und auch gegensätzliche Gefühle, dass es für Kinder sehr spannend ist, sie zu entdecken.
Nur Gefühle, die bewusst wahrgenommen werden, können auch in Worte gefasst oder auf eine andere Weise ausgedrückt werden. Und nur wer seine eigenen Gefühle kennt, wird in die Lage kommen sich in andere einzufühlen. Einfühlungsvermögen kann gelernt werden und wir können Kindern dabei helfen.
In einem ersten Schritt sollten Sie mit den Kindern über die unterschiedlichsten Gefühle und darüber, wie sie ausgedrückt werden können, sprechen. Es geht darum Worte für persönliche Empfindungen zu finden, mit denen sie für andere nachvollziehbar werden. So kommen Kinder in die Lage Grenzen zu setzen, wenn ihre Gefühle verletzt werden und gleichzeitig die Gefühle anderer zu achten.

Freuen, Fürchten, Flennen

Alter: ab 5 Jahren
Anzahl: mind. 3 Kinder, besser mehr
Materialien: Lied: „Wenn du glücklich bist“ (MC oder Liederbuch „Das Auto von Lucia“ mit dem entsprechenden Text) oder: beliebige Lieder, die Gefühlsäußerungen beschreiben

Die Kinder spielen den Text eines Liedes, z. B. des Liedes „Wenn du glücklich bist“, in Mimik, Gestik und Körperhaltung mit und erfinden dann immer neue „Gefühls-Ausdrucks-Möglichkeiten“.
Besonders lustig ist es, sich die verschiedenen „Ausdrücke“ in der richtigen Reihenfolge merken zu müssen, so dass die „Schauspielerei“ immer länger und immer abwechslungsreicher wird.

Da kommen die Gespenster

Kindern ist es oft sehr unangenehm, wenn ihnen jemand zu nahe „auf die Pelle rückt“. Auf Bänken stehen sie auf oder sie halten sich ein kleines bisschen entfernt von der Gruppe, wenn z. B. eine Reihe gebildet werden soll.

Alter: ab 5 Jahren
Anzahl: 2 Kinder und mehr
Materialien: Bettlaken

Ein Kind versteckt sich irgendwo im Raum. Die anderen Kinder bekommen jeweils ein Tuch, Bettlaken o. Ä. umgehängt. Sie sind die „Gespenster“, die das versteckte Kind finden

wollen, um ihm dann „auf die Pelle zu rücken“.
Bemerkt das versteckte Kind, dass ein Gespenst ihm **zu** nahe kommen will, ruft es den Bannspruch: *Nachtgespenst steh still, weil ich das so will!* (Es könnte die Gespenster auch mit einer Fliegenklatsche oder einem Zauberstab „bannen“.)
Das Nachtgespenst muss nun dem Kind nicht nur vom Leibe bleiben, sondern auch in der letzten Körperhaltung eingefroren stehen bleiben.

Hinweis Es bietet sich an, mit den Kindern darüber zu sprechen, dass jeder seine ganz persönlichen Grenzen hat, die – je nach den Umständen – nicht immer gleich sein müssen. Während es dem einen z. B. bei einer Begrüßung manchmal gar nichts ausmacht so dicht heran zu kommen, dass sich beide berühren, ist es dem anderen möglicherweise sehr unangenehm. Vielleicht hängen die Grenzen auch davon ab, wer uns näher kommt?
Auch (aufdringliche, durchdringende oder stechende) Blicke können eine Form sein, jemand anderem zu nahe zu treten und ihn zu verunsichern. Jeder darf und soll sich dabei auf sein eigenes Gefühl verlassen!

Moppel und der Zauberer

(Figuren- oder Rollenspiel)

Alter: ab 5 Jahren
Anzahl: 1 Kind und mehr
Materialien: Handpuppen, evtl. ein Tuch

Moppel begegnet einem mächtigen Zauberer. Der Zauberer möchte ihn in eine Maus verwandeln. Das kann ihm nur gelingen, wenn er es schafft Moppel lange genug anzustarren. Moppel kann sich nicht abwenden und bittet die Kinder um Hilfe. Was kann Moppel tun, um sich von dem Blick zu befreien?
Laut klatschen? Schreien? Mit den Füßen stampfen? Dem Zauberer ein Tuch über den Kopf werfen und schnell wegrennen? Grimassen schneiden, damit der Zauberer lachen muss? Moppel probiert alle Vorschläge aus.

Schlange, tanz für mich!

Alter: ab 5 Jahren
Anzahl: mind. 2 Kinder
Materialien: 1 großer Wäschekorb, in dem ein Kind bequem sitzen kann, 1 Flöte

Ein Kind sitzt im Wäschekorb. Es spielt die Schlange, die das Kind mit der Flöte, das vor dem Wäschekorb sitzt, fressen will!
Das flötende Kind muss die Schlange mit seinem Spiel in Schach halten und dabei der Schlange fest in die Augen schauen. Die Schlange muss zur Flöte tanzen. Aber nur solange die Flöte spielt, ist das Flötenkind sicher. Die Schlange macht mit den Armen schlangenähnliche Bewegungen, gibt vielleicht auch Zischlaute von sich, darf das Flötenkind aber keinesfalls berühren. Sie „hypnotisiert" das Kind mit der Flöte mit starrem Blick. Und es dauert nicht lange, bis das Flötenkind lachen muss. Erst jetzt darf sich die Schlange aus dem Korb stürzen!
Muss aber die Schlange lachen, so wird der Deckel zugemacht und der Korb (vorsichtig!!!) weggeschoben. Sie hat ihr Spiel verloren. Zwei andere Kinder beginnen das Spiel von Neuem.

Bitte sag mal „Cheese"!

Alter: ab 5 Jahren
Anzahl: 2 Kinder und mehr
Materialien: Fotoapparat, evtl. Fotokarton und selbstklebende Klarsichtfolie

Die Kinder drücken verschiedene Gefühle mimisch aus. Wenn sie schon etwas geübt sind, stellen sie zu zweit jeweils gegenteilige Gefühle dar.
Besonderen Spaß macht es den Kindern, wenn sie beim Gefühlstheater fotografiert werden. Anschließend können die Fotos zu einer Gefühls-Kollage zusammengestellt werden.

Hinweis Nutzen Sie die Gelegenheit mit den Kindern über ihre Gefühle zu sprechen, z. B.: *Hilft es dir ein Gefühl darzustellen, wenn du dir eine bestimmte Situation vorstellst oder an etwas Bestimmtes denkst?*

Wutgeschrei

Alter: ab 4 Jahren
Anzahl: 3 Kinder und mehr, Spielleitung
Materialien: keine

Jedes Kind überlegt sich eine Situation, in der es richtig wütend wird. Was würden die Kinder am liebsten tun, wenn sie wütend sind?
Auf ein Signal der Spielleitung stimmen alle Kinder gemeinsam in ein schreckliches Wutgeschrei ein, stampfen mit den Füßen, trommeln mit den Fäusten auf Tisch oder Boden, ziehen wütende Grimassen...
Das Wutgeschrei schwillt immer stärker an und verklingt langsam wieder, wenn sich ein Kind nach dem anderen auf den Boden setzt, weil es seine Wut losgeworden ist.

Angstgeheul

Alter: ab 5 Jahren
Anzahl: 4 Kinder und mehr
Materialien: evtl. verschiedene Klanginstrumente, 1 Kuscheldecke

Spielvorbereitung:
Die Kuscheldecke wird etwas abseits in einer geschützten Ecke ausgebreitet. Sie bietet die Möglichkeit, sich zurückzuziehen.

Spielablauf:
Die Kinder bilden zwei Gruppen. Die eine Gruppe soll möglichst gruselige, furchterweckende Geräusche erzeugen. Vielleicht heulen sie wie Wölfe oder probieren unterschiedliche Instrumente aus.
Die Kinder der anderen Gruppe versuchen ihre Angst eindrucksvoll zu zeigen, indem sie jammern, heulen, die Hände vor das Gesicht halten, sich zusammenkauern oder auch sich aneinander kuscheln.
Wenn die Angstmacher Mitleid mit den anderen bekommen, beenden sie ihr Schauerkonzert und die Rollen werden getauscht. Bekommen die Angstmacher einfach kein Mitleid, können die geängstigten Kinder davonlaufen, sich auf die Kuscheldecke begeben und so das Spiel beenden.

So ein Theater!

Alter: ab 5 Jahren
Anzahl: 6 Kinder und mehr
Materialien: vorher gesammelte Bilder, Zeichnungen, Fotos, auf denen unterschiedliche Gefühle oder Situationen zwischen (zwei) Menschen dargestellt sind, z. B. ein wütender Autofahrer, ein weinendes Kind, lachende Menschen, ein Liebespaar usw. Sie können auch Bilder von Tieren verwenden.

Die Fotos, Bilder oder Zeichnungen kommen in einen Hut oder Karton. Die Kinder finden sich zu Paaren zusammen und nehmen jeweils gemeinsam ein Bild aus dem Hut. Sie ziehen sich zurück, beraten sich und üben das Gefühl pantomimisch darzustellen, das auf ihrem Bild zu sehen ist. Vielleicht hilft es ihnen ein wenig, wenn sie dabei an ein eigenes Erlebnis denken, um den passenden Gesichtsausdruck zu finden?
Nach einer vereinbarten Zeit treffen sich die Kinder wieder im großen Kreis. Reihum stellt jedes Paar sein Gefühl dar und die anderen raten, worum es sich handelt. Wer das Gefühl zuerst errät, darf das gegenteilige Gefühl vorführen.

Hinweis Im Anschluss an das Spiel kann darüber gesprochen werden, wann man welche Gefühle bekommt. Sie können die Kinder auch mit einer Sofortbildkamera fotografieren und mit ihnen über Mimik und Gestik sprechen.
Wenn Sie Bilder von Tieren verwenden, können Sie damit einen wichtigen Beitrag zur Vermeidung von Missverständnissen zwischen Kindern und Tieren leisten: Hunde oder Katzen, die ihre Ohren an den Kopf legen, sollte man besser nicht mehr streicheln. Ein Hund, der die Ohren aufgestellt hat und mit dem Schwanz wedelt, möchte spielen usw.

Moppel allein zu Haus
(Figuren- oder Rollenspiel)

Alter: ab 5 Jahren
Anzahl: 1 Kind und mehr
Materialien: Handpuppe

Moppel ist allein zu Haus und fürchtet sich schrecklich. War da nicht eben ein Geräusch in der Küche? Unter dem Schrank hat sich doch was bewegt – versteckt sich da etwa ein Krokodil?
Wie fühlt sich Moppel? Was könnte er tun? Singen, nachsehen, schreien, die Feuerwehr anrufen, zur Nachbarin rennen...
Moppel probiert alle Vorschläge der Kinder aus.

Weitere Moppel-Figurenspiel-Ideen
Andere Ereignisse, die mit belastenden Emotionen einher gehen, können mit Moppel durchgespielt oder mit den Kindern ausprobiert werden. Moppel gerät in verschiedene Situationen, in denen er die unterschiedlichsten Gefühle durchlebt oder seine Grenzen überschritten werden. Was kann Moppel tun – wie kann er sich wehren?

- Moppel muss zum Zahnarzt.
  Wie kann er seine Angst überwinden, wie damit umgehen: Versteckt er sich vorher? Nimmt er die Mama mit? Steckt er einen Zauberstein in die Hosentasche, damit es nicht wehtut?
- Moppel hat sich verlaufen.
  Wo kann er Hilfe finden – wo auf keinen Fall?
- Es brennt!
  Was kann Moppel tun: Sich verstecken? Davonlaufen? Hilfe rufen? Die Feuerwehr anrufen – wer kennt die Nummer?
- Moppel ist traurig.
  Was könnte Moppel helfen: Eine große Tafel Schokolade? Seine Lieblingskassette? Bittet er Mama, mit ihm zu kuscheln? Macht er einen Spaziergang?

- Moppel will seine Ruhe, aber die Tante möchte ihn zur Begrüßung immer küssen. Moppel mag das nicht.
  Hilft es, vorher ganz viel Knoblauch zu essen? Er malt seinen Mund mit Fingerfarben giftgrün an. Er sperrt sich vor dem nächsten Besuch im Kinderzimmer ein. Er stellt sich vor, wie die Tante sich an ihm den Mund verbrennt...
- Moppel auf dem Klo.
  Die Mutter kommt immer in die Toilette, obwohl Moppel das nicht mag. Es ist ihm peinlich und er wird wütend. Er bittet die Mutter raus zu gehen. Er schreit laut „Hau ab!" Er stellt einen Becher Wasser auf die Oberkante der Tür...
- Moppel soll seinen Teller leer essen, obwohl er keine Hunger mehr hat.
  Er kippt die Suppe unter den Tisch. Er fängt schon vor dem Essen eine Fliege, die er in den Teller wirft, wenn er satt ist...
- Moppel, Hoppel und der Turm.
  Moppel hat einen tollen Turm gebaut, der von Hoppel zerstört wird. Hoppel ist sonst eigentlich sein Freund. Jetzt nicht mehr. Moppel ist wütend und traurig.
  Er zerstört ein Spielzeug von Hoppel. Er ruft nach der Mutter. Er schlägt nach Hoppel. Er befiehlt ihm den Turm wieder aufzubauen. Er weint herzzerreißend und wartet, dass sein Vater ihm hilft...
  Wie fühlt sich eigentlich Hoppel?
- Moppel ist der Neue.
  Moppel zieht um und besucht eine neue Kindergartengruppe. Einige starren ihn an, andere kümmern sich gar nicht um ihn. Moppel fühlt sich unsicher, schüchtern. Moppel möchte sich am liebsten verstecken.
  Er geht auf ein Kind zu und stellt sich vor. Er setzt sich still an einen Tisch und wartet, ob ihn jemand anspricht. Er setzt sich zur Erzieherin und wartet, ob sie ihm hilft...
- Moppels Hamster ist gestorben.
  Moppel ist sehr unglücklich. Einen neuen Hamster kaufen will er nicht, es wäre nicht das Gleiche. Er sieht sich Fotos von seinem Hamster an und erinnert sich an die schönen Tage. Er macht ein Grab für den Hamster und schmückt es mit Blumen...
- Moppel langweilt sich.
  Er fühlt sich einsam. Er sitzt in seinem Zimmer und starrt an die Wände. Er sieht fern, aber die Sendung ist langweilig. Er setzt sich an den Computer, aber das Spiel macht allein keinen Spaß. Er ruft seinen Freund an, sie treffen sich. Er geht auf den nächsten Spielplatz...
- Moppel geht verloren.
  Moppel hat im Kaufhaus seine Mama verloren. Er hat panische Angst. Er ruft nach ihr. Er beginnt laut zu weinen und zu brüllen. Er geht dort hin, wo er sie zuletzt gesehen hat. Er rennt durch das ganze Kaufhaus, um sie zu suchen. Er fragt einen Verkäufer, ob er Mama gesehen hat. Schließlich wird seine Mutter ausgerufen. Moppel kann mit der Mutter vereinbaren, sich mit ihr an dem Eingang zu treffen, zu dem sie hereingekommen sind, falls so etwas je wieder passieren sollte.
- Moppel ist eifersüchtig auf Hoppel.
  Immer kann er alles besser. Alle bewundern seine Bauwerke, wie schön er malen kann... Moppel möchte mehr beachtet werden.
  Er zerstört Hoppels Bauwerke. Schmiert in sein Bild. Zwickt ihn, wenn es niemand sieht. Brüllt: „Ich kann viel besser bauen!"...

Hinweis Moppel wendet sich mit seinen Problemen immer Hilfe suchend an die Kinder. Moppel probiert alle Vorschläge aus.
Lassen Sie die Kinder anschließend im Rollenspiel ähnliche Situationen durchspielen und ihre Lösungsvorschläge selbst im Rollenspiel ausprobieren.
Welche sind nützlich, welche nicht?

Ich fühl mich schlecht, was mach ich bloß?

Kinder, die gelernt haben ihre Gefühle intensiv wahrzunehmen, werden ihre Empfindungen auch ausdrücken. Sie werden es deutlich zeigen und auch aussprechen, wenn ihre Gefühle verletzt und Grenzen überschritten werden.
Manchmal ist es aber gar nicht so einfach mit „schwierigen" Gefühlen umzugehen. Was sollen Kinder tun, wenn sie Angst haben oder wenn sie sich wütend und gereizt fühlen, wenn sie Streit miteinander haben und am liebsten aufeinander los gehen möchten? Kinder müssen ihre Gefühle nicht nur ausleben können, sie brauchen auch Möglichkeiten, Wut und aggressive Gefühle los zu werden. Dabei müssen sie lernen Grenzen einzuhalten, die alle Beteiligten akzeptieren können.
Kissen, Schaumstoffwürfel und Decken, aber auch Zeitungen, Socken... bieten relativ ungefährliche Möglichkeiten auch mit destruktiven Gefühlen umzugehen. Gemeinsam mit den Kindern können Sie eine Wutecke oder einen Raufteppich einrichten, wo Spiele zum Spannungsabbau gefahrlos möglich sind. Die Kinder dürfen die Wutecke aufsuchen, um mal richtig Dampf abzulassen.
In der Wutecke kann sich beispielsweise ein Boxsack befinden, der ganz einfach herzustellen ist: Ein Kissenbezug wird fest mit Handtüchern ausgestopft, verknotet und zusätzlich mit einer Schnur fest zusammengebunden. Der Boxsack kann frei hängend im Raum oder an einem Ast befestigt werden, so dass er sich ungefähr in Schulterhöhe der Kinder befindet. Wer schrecklich wütend und zornig ist, kann seine Wut und die angestauten Aggressionen in das Kissen boxen. Das tut gut! Manchmal möchten sich Kinder nach einem Streit sogar vorstellen, dass der Boxsack eine bestimmte Person darstellt, über die sie sich geärgert haben.
Eine andere Einrichtungsmöglichkeit besteht aus einem ‚Hauklotz', wie ihn mancher noch zu Hause hat. Hier nehmen wir jedoch einen Gummihammer (Fliesenlegerbedarf) und alte Milch- oder Saftkartons, die bei Bedarf kurz und klein gehämmert werden dürfen.
(Danach passen sie auch eindeutig besser in den Müll!)
Oder Sie stellen den Kindern in der Wutecke mehrere große „Wutkissen" zur Verfügung, in die sie kräftig schlagen können. Sie regen sie an, ihre Wut aus sich heraus zu stampfen, indem sie wild darauf herum trampeln. Das geht übrigens auch wieder gut mit leeren Saft- oder Milchkartons.

Wenn Kinder sehr wütend sind, fällt es ihnen genau wie uns oft schwer vernünftig über ihre Gefühle zu sprechen. Sie fühlen sich hilflos und würden am liebsten alles kurz und klein schlagen. Andere Kinder ziehen sich eher in sich zurück und auch ihnen fällt es schwer sich zu ihrer Wut zu äußern. Am Boxsack oder am Hauklotz kann die Wut verrauchen, ohne dass jemand zu Schaden kommt. Auch besonders aggressive Kinder toben sich erst einmal aus, bevor sie in Ruhe über ihre Sorgen und Nöte sprechen können. Die ruhigen Kinder üben aus sich heraus zu gehen und werden auf diese Weise ebenfalls offener für ein anschließendes Gespräch.
Für die Kinder, die sich lieber zurückziehen und in Ruhe gelassen werden möchten, können Sie zusätzlich zur Wutecke eine Ruheecke anbieten, in die sich Kinder zurückziehen können. Vereinbaren Sie gemeinsam die Regel, dass in der Ruheecke für eine gewisse Zeit niemand gestört werden darf.

Haut den Lukas

*Heute ist Kirmes. Dort spielen einige Leute „Haut den Lukas!“
Das probieren die Kinder jetzt auch!...*

Alter: ab 3 Jahren
Anzahl: 1 Kind und mehr
Materialien: 1 Hauklotz, 1 Gummihammer, mehrere leere Saft- oder Milchtüten

Die Kinder nehmen sich nacheinander einen Saftkarton, stellen ihn auf den Hauklotz und zählen, mit wie vielen Schlägen sie es jeweils schaffen, den Karton total platt zu hauen. Schwieriger ist das natürlich, wenn der Karton aufrecht steht. Man achte auf die Finger!
Dic Kartons dürfen nicht festgehalten werden!

Zeitungen knüllen

Zwei oder mehr Kinder sind so richtig in Streit miteinander geraten. Sie können nicht mehr miteinander reden und würden am liebsten aufeinander einschlagen. Da hilft folgende Idee die Wut und Aggressionen abzubauen.

Alter: ab 4 Jahren
Anzahl: 2 Kinder und mehr
Materialien: alte Zeitungen

Bieten Sie allen Beteiligten einige alte Zeitungen an, die sie zu möglichst vielen Zeitungsbällen knüllen sollen. Wenn die Wut danach immer noch nicht verraucht ist, können die Kinder mit den Zeitungsbällen eine Zeitungsschlacht veranstalten, indem sie mit den Bällen aufeinander werfen.

Weiterführende Spielideen:

- Wenn sich die Wut nach der Knüllerei schon ein wenig gelegt hat, können die Kinder miteinander oder gegeneinander Zeitungstürme bauen. Sie versuchen die Zeitungsbälle am besten an einer Wand möglichst hoch aufzustapeln.
- „Zeitungsrollenschwertkampf“: Je zwei Kinder können mit Zeitungspapierrollen gegeneinander fechten, bis die Fetzen fliegen und einer von beiden nicht mehr genug zum Fechten in der Hand hält. Einzige Regel: Es darf nicht auf den Körper des Gegners gezielt werden. Wer es trotzdem tut, scheidet aus.

Wutsocken

Ein Kind ist so wütend, dass es am liebsten etwas an die Wand schmeißen möchte? Das kann es ruhig tun! Mit Papier ausgestopfte „Wutsocken“ eignen sich gut dafür. Sie sind weich und können niemand verletzen. So wird es auch möglich, dass Kinder, die richtig wütend aufeinander sind, gefahrlos aufeinander werfen und ihre Aggressionen abbauen können.

Alter: ab 4 Jahren
Anzahl: 1 Kind und mehr
Materialien: möglichst viele „Wutsocken“ (mit Papier ausgestopfte Socken), „Wurfziele“

Verschiedene Gegenstände hängen als Wurfziele an einer Wand oder von der Decke. Die Kinder erhalten möglichst viele Wutsocken, mit denen sie nach den Gegenständen werfen.
Es ist auch möglich einen Eimer oder anderen Behälter aufzustellen. Die Kinder „pfeffern“ dann ihre Wutsocken mit voller Kraft dagegen oder hinein.

Kissenmonster

Alter: ab 5 Jahren
Anzahl: 1 Kind und mehr
Materialien: 1 weiches Kissen, Schnüre oder Wollfäden, evtl. Nadel und Garn

Spielvorbereitung:
Das Kissen wird mit den Schnüren so abgebunden, dass ein Gesicht entsteht. Zwei abgebundene Ecken werden zu Ohren, kugelige Augen und eine Knubbelnase entstehen.
Oder auf das Kissen wird auf eine Seite ein lustiges und auf die andere ein wütendes Gesicht gestickt.

Spielablauf:
Wer so richtig zornig ist, kann seine Wut durch wilde Fausthiebe am Kissenmonster auslassen. Oder tut es gut, das Kissenmonster so klein wie möglich zusammen zu knüllen? Wer mag, kann sogar darauf herum trampeln. Wenn die Wut verraucht ist, kommen manchmal die Tränen, dann kann man prima mit dem Kissenmonster schmusen, kuscheln und spielen.

Hinweis Das Kissenmonster kann seinen Platz in der Wutecke finden und von jedem Kind benutzt werden. Wenn Sie zu diesem Abschnitt der Projektarbeit (Thema: Wie gehen wir mit kindlichen Aggressionen um?) einen Elternabend durchführen wollen, so können Sie auch mit den Eltern Kissenmonster herstellen und dies als Anregung auch für zu Hause geben – es ist schnell gemacht und so haben Sie gleich mehrere Kissenmonster.

Puffen

Alter: ab 4 Jahren
Anzahl: 2 Kinder und mehr
Materialien: Kissen und Handtücher

Zwei Kinder sind wütend aufeinander und möchten aufeinander los gehen. Wie wär's mit Puffen? Die Kontrahenten stopfen ihre Kleidung mit Handtüchern und Kissen aus. Nun können sie wirklich aufeinander los gehen.
Einzige Einschränkung: es darf nur auf die gepolsterten Körperteile gepufft und geschlagen werden.
Die Kinder kämpfen auf einer großen, weichen Turnmatte oder die anderen Kinder bilden einen schützenden Kreis um die kämpfenden Kinder, indem sie sich an den Händen fassen.
Alternativ können auch die Hände der Kinder mit Kissen umpolstert werden, bevor sie aufeinander losgehen. Natürlich gilt die Regel, dass weder auf den Kopf noch gegen den Bauch gezielt werden darf.
Wer nicht mehr weiterkämpfen möchte, ruft laut *Ende* oder *Gong*, worauf ein anderes Kind aus dem Kreis einen Schlussgong erklingen lässt, der den Kampf beendet.

Hutdiebe

Alter: ab 5 Jahren
Anzahl: 5 Kinder und mehr
Materialien: Zeitungshüte

Die Kinder setzen die Zeitungshüte auf und laufen kreuz und quer durch den Raum. Wenn ein Kind einem anderen begegnet, versucht es ihm den Zeitungshut vom Kopf zu klauen. Das Opfer brüllt seine Wut und seinen Ärger laut heraus. Und zwar so lange, bis das andere sich entschuldigt, den Zeitungshut zurückgibt oder ein anderes Kind zu Hilfe kommt.

Variante: Für die Projektphase „Kampf-, Tummel- und Tobespiele" (S. 60) kann das Spiel so abgewandelt werden, dass es darum geht, besonders viele Hüte zu ergattern, um am Ende als SiegerIn dazustehen.

Moppel hat Angst
(Figuren- oder Rollenspiel)

Alter: ab 4 Jahren
Anzahl: 1 Kind und mehr
Materialien: Handpuppe

Spielvorbereitung:
Zunächst sprechen Sie mit den Kindern über das Thema Angst: *Jeder hat manchmal Angst. In welchen Situationen hattest du schon einmal Angst? Was würdest du am liebsten tun, wenn du Angst hast?* Auf diese Weise können Sie ein Gespräch über die unterschiedlichsten Ängste anregen.

Spielablauf:
Moppel hat schreckliche Angst: Es ist dunkel, er liegt allein in seinem Bett und hinter dem Schrank lauert ein großer Wolf...
Die Kinder machen ihm Vorschläge, wie er seine Angst überwinden kann. Dabei gibt es keine verbindlichen und richtigen Lösungen, sondern alle finden dabei für sich eigene Wege, wie sie mit Angstgefühlen am besten zurecht kommen.
Moppel probiert vieles aus, um seine Angst zu besiegen. Manches hilft ihm, anderes leider nicht. Schließlich schafft er es, die Angst vor der Dunkelheit mit einem ‚Angstspruch' gerade solange zu überlisten, bis er bei Mama und Papa im Schlafzimmer angekommen ist:

Angst verschwinde, eins, zwei, drei,
denn dann bin ich wieder frei!

Hinweis Gerade wenn Kinder Angst haben, vergessen sie oft alles, was sie schon wissen und können. Hier kann der Angstspruch besonders für jüngere Kinder eine Hilfe sein zur Ruhe zu kommen und sich zu konzentrieren.

Mein Körper gehört mir – dein Körper gehört dir

Kinder, die gelernt haben ihren Empfindungen zu vertrauen, wissen, wann ihre persönlichen, körperlichen Grenzen überschritten werden. Sie werden fähig sein, angenehme von unangenehmen Berührungen klar zu unterscheiden. Kinder wissen, dass Umarmungen, Küsse oder andere Formen der Berührung angenehm und schön sein können, wenn man sich dabei gut und sicher fühlt. Manchmal sind Berührungen aber auch unangenehm, unheimlich – etwa eine Umarmung, die zu lange dauert oder Kitzeln, bis es schon wehtut, der Kuss einer unangenehmen Tante...

Entscheidend ist, dass jeder darauf achtet, was der andere mag. Wenn jemand selber eine Berührung nicht gerne hat, darf er auch zu Menschen, die ihm nahe stehen, höflich aber bestimmt „Nein“ sagen und wenn diese nicht darauf achten, darf diesem „Nein“ auch Nachdruck verliehen werden, beispielsweise durch Schreien, Weglaufen oder Hilfe holen! Greifen Sie die alltäglichen Rangeleien unter Kindern auf, die manchmal zu Grenzüberschreitungen führen. Bei spielerischen Tobereien und Raufereien können Kinder bewusst erleben und spüren, was sie mögen und was sie nicht mögen und üben ihre persönlichen Grenzen zu setzen und sich gegen körperliche Übergriffe zu wehren. Während spielerischer Kämpfe und Tobereien fällt es Kindern manchmal schwer noch wahrzunehmen, wenn ein Kind keine Lust mehr hat und aufhören möchte. Es kann hilfreich sein, Regeln und Signale miteinander zu vereinbaren, die eine Gefahr sich weh zu tun einschränken oder eindeutig zeigen, wenn jemand nicht mehr mitmachen möchte. Auch „Schutzzonen“, in die sich jemand zurückziehen kann, der nicht mehr mitspielen mag, können sinnvoll sein. Versäumen Sie es bei dieser Gelegenheit nicht Kinder auch darauf aufmerksam zu machen, dass sie manchmal nur gespielt protestieren, weil sie z. B. Spaß an einer Balgerei oder daran haben, gekitzelt zu werden und der Protest den Reiz des Spiels noch erhöht. In solchen Situationen ist es sinnvoll klare Absprachen zu treffen, wann der Spielpartner wirklich aufhören soll und das Spiel beendet werden muss. Zum Beispiel kann ein mit Lachen verkündetes „Oh je, schon wieder!“ als versteckte Aufforderung weiterzumachen verstanden werden, während „Hör auf, ich mag nicht mehr!“ eindeutig ausdrückt, dass das Spiel beendet werden soll und vom Spielpartner auch als ernst gemeintes „Nein“ verstanden und beachtet werden kann.

Ich will – ich will nicht

Alter: ab 4 Jahren
Anzahl: 2 Kinder und mehr
Materialien: Verkleidungsutensilien

Bei Bea klingelt es ständig an der Tür, mal kommt die Mutter nach Hause, mal der Vater, außerdem kommt ständig Besuch. Die nette Frau Müller von nebenan mit ihrem kleinen Hund, die Oma, die Tante, der unheimliche Herr Mauer, der immer so grimmig drein sieht, der Nachbarsjunge, der sie immer gemeinsam mit ihrem Bruder ärgert...

Ein Kind spielt Bea, weitere Kinder verkleiden sich und spielen die Besucher. Alle wollen Bea zur Begrüßung irgendwie berühren – ihr die Hand schütteln, ihr einen Kuss geben, sie umarmen, ihr auf die Schulter klopfen, der Hund will sie ablecken...

Das ist Bea nicht immer angenehm.

Wie kann sie sich wehren? Können die Zuschauer ihr Tipps geben? Was soll sie machen, wenn sogar Mama auf einem Begrüßungskuss für Oma besteht? Die Vorschläge der Kinder werden aufgegriffen und ausprobiert.

Begrüßungsberührungen

Alter: ab 5 Jahren
Anzahl: 6 Kinder und mehr
Materialien: Musik

Alle Kinder gehen zur Musik im Raum umher. Bei Musikstopp macht ein Kind einen Vorschlag, auf welche Weise sie zueinander Kontakt aufnehmen und sich begrüßen können. Zum Beispiel: Schüttelt einander die Hände! Klopft einander auf die Schultern! Umarmt einander! Zwickt euch sanft ins Ohr! Gebt euch einen kleinen Klaps auf den Po! Streicht euch über die Wange! Tippt einander mit dem Finger an die Nase!

Hinweis Vor dem Spiel ist es wichtig die Kinder darauf aufmerksam zu machen, dass sie nur die Berührungen und Begrüßungsformen ausführen sollen, die sie selbst auch mögen. Grobe Berührungen sind verboten!
Besonders für sehr unsichere Kinder mit wenig Selbstvertrauen kann dieses Spiel eine Hilfe sein, denn ihnen fällt es oft schwer in angemessener Form auf andere zuzugehen und so Kontakt aufzunehmen, dass ihr Gegenüber diese Kontaktaufnahme verstehen und darauf eingehen kann. Sie wirken in ihrer Kontaktaufnahme manchmal grob und unfreundlich, zeigen sich eher aggressiv und werden dadurch missverstanden und abgelehnt.

Katzen-Tatzen-Tanz-Spiel

Alter: ab 4 Jahren
Anzahl: 2 Kinder und mehr
Materialien: „KatzenTatzenTanz" (MC „Anne Kaffeekanne" von Frederik Vahle oder das Bilderbuch von Helme Heine)

Das Lied „KatzenTatzenTanz" wird als Einstimmung gemeinsam angehört oder das Bilderbuch gemeinsam betrachtet.
Ein Kind übernimmt die Rolle der Katze, die anderen jeweils die angegebenen anderen Tiere.
Zur Musik tanzen die Kinder im Raum. Bei den passenden Textstellen trifft sich die Katze mit dem jeweiligen Tier und die anderen bilden einen Kreis um sie herum. Die Katze lehnt einen gemeinsamen Tanz ab, die beiden flüstern miteinander und tanzen dann doch miteinander...
Es können beliebig viele Strophen zu dem Lied als Rollenspiel dazu erfunden werden.
Fragen: Was könnte es denn sein, was das jeweilige Tier der Katze ins Ohr flüstert, damit sie ihre Meinung ändert? Das muss doch etwas ganz außerordentlich Interessantes sein. – Oder hat es der Katze etwa irgendetwas versprochen?

Kampf-, Tummel- und Tobespiele

Wenn Kinder frei miteinander spielen können, kommt es immer wieder auch zu Kampf- und Tobespielen. Kinder messen ihre Kräfte, geben ihrem Bewegungsdrang nach und nicht selten versuchen sie auch ihre Aggressionen abzubauen und sich abzureagieren. Sie sammeln dabei vielfältige Erfahrungen mit persönlichen Grenzen und Grenzüberschreitungen. Doch weil es bei diesen Spielen auch immer wieder zu blauen Flecken und Schrammen kommt, stellt sich für uns Erwachsene oft die Frage, wie lange wir zusehen können und wann wir einschreiten müssen.

Wie bereits im Kapitel „Freies Spiel und Bewegung" (S. 15) erläutert, brauchen Kinder die Möglichkeit Erfahrungen im Umgang miteinander zu machen. Kampf-, Tummel- und Tobespiele helfen ihnen, auch im freien Spiel besser mit Auseinandersetzungen, Konkurrenzgefühlen und der Einhaltung von Regeln wie ‚Fairness' und ‚Unversehrtheit des anderen' umgehen zu können.

Die Kinder probieren die aktive Auseinandersetzung miteinander innerhalb eines vorgegebenen Rahmens aus und können die Regeln und Grenzen, die im Umgang miteinander unverzichtbar sind, in einer reellen Konfliktsituation eher umsetzen und anwenden. Wenn Sie Kindern Kampf- und Tobespiele anbieten, bietet sich eine gute Gelegenheit, gemeinsam Regeln und Grenzen zu entwickeln, die für alle verbindlich sind und auch auf die spontanen, von den Kindern selbst initiierten Kampf- und Tobespiele angewandt werden können und sollen. Zum Beispiel: Wie kann gekämpft werden, ohne einander weh zu tun? (Es darf nicht getreten, gekratzt, gebissen, an den Haaren gezogen, geboxt werden...)

Die gleiche Regel wird auf eine echte Konfliktsituation übertragen. Wie kann gezeigt werden, dass jemand keine Lust mehr hat und aufhören möchte? Mit den Signalworten *Schluss, Stopp, Hör auf...* kann ein Zeichen für die sofortige Beendigung des Spiels gesetzt werden. Oder ein Spieler signalisiert durch ein *Ich ergebe mich*, dass er das Spiel beenden möchte. Oder es gibt eine Schutzzone, in die sich jeder zurückziehen kann, der eine Pause braucht oder nicht mehr mitmachen möchte. Wer keine Lust mehr hat, geht in die Hocke oder legt sich hin.

Diese Regeln helfen Kindern aufeinander zu achten und fair und rücksichtsvoll zu „kämpfen", sich gegen Grenzüberschreitungen zu wehren und auf Grenzüberschreitungen zu verzichten. So können schwache Kinder Kraft entwickeln oder lernen ihre körperliche Unterlegenheit durch Geschicklichkeit und Ideenreichtum auszugleichen, während starke Kinder lernen ihre Kraft zu zeigen, ohne anderen weh zu tun und ihre Grenzen zu verletzen.

Kissenschlacht

Alter: ab 4 Jahren
Anzahl: 2 Kinder und mehr
Materialien: möglichst viele Kissen, ersatzweise Schaumstoffbälle, Kreide

Die Kinder stellen sich in zwei Reihen gegenüber auf. Zwischen den Reihen wird eine Grenzlinie markiert, die nicht überschritten werden darf, auch nicht, um sich Kissennachschub zu besorgen. Die Kinder bewerfen sich gegenseitig mit Kissen.

Hinweis Auch wenn die Verletzungsgefahr mit Kissen sehr gering ist, können Sie die Kinder darauf hinweisen, dass sie nicht auf das Gesicht, sondern nur auf den Bauch, die Beine oder den Po zielen sollen, um einander nicht weh zu tun.

Kampfhähne

Alter: ab 6 Jahren
Anzahl: 2 Kinder
Materialien: evtl. Kreide

Die Kinder stellen sich auf einem Bein einander gegenüber auf und verschränken die Arme vor der Brust. Jeder versucht den anderen durch Anrempeln aus dem Gleichgewicht zu bringen oder über eine aufgezeichnete Grenze zu treiben. Wer zuerst sein freies Bein auf den Boden stellt oder die Grenze übertritt, hat verloren.
Jüngere Kinder können anstatt auf einem Bein zu stehen in die Hocke gehen.

Variation

Die Kinder stopfen sich ein Kissen unter den Pullover und verschränken die Arme hinter dem Rücken, bevor sie versuchen sich durch Anrempeln aus dem Gleichgewicht zu bringen.

Pufferkampf

Alter: ab 5 Jahren
Anzahl: 2 Kinder und mehr
Materialien: für jedes Kind einen Hüpfball, evtl. Kreide

Jedes Kind sitzt auf einem Hüpfball. Die Kinder versuchen sich mit dem Ball so anzupuffen, dass jemand vom Ball purzelt. Wer das Gleichgewicht verliert, scheidet aus. Alternativ versuchen die Kinder sich über eine aufgezeichnete Grenze zu treiben.

Ziehkampf

Alter: ab 5 Jahren
Anzahl: 2 Kinder
Materialien: 1 Handtuch, Kreide

Im Abstand von etwa zwei bis drei Metern werden zwei Striche als Grenzmarkierungen angebracht.
Die Kinder stehen genau in der Mitte zwischen den Markierungen einander gegenüber und halten jeweils ein Handtuchende. Jeder versucht den anderen über die Grenze hinter sich zu ziehen.

Eierdiebe

Alter: ab 5 Jahren
Anzahl: 6 Kinder und mehr
Materialien: kleine Bälle oder Steine, Kreide oder Klebeband

Zwei gegenüberliegende Ecken des Raumes oder des Spielfeldes werden als Höhlen bestimmt.
Zwei Kinder ziehen sich als Dinosauriermutter und Dinosauriervater in eine der Höhlen zurück. Sie haben in ihrem „Nest“ mehrere Eier (Bälle oder Steine), die sie aufmerksam bewachen und verteidigen.
Die anderen Kinder werden zu Eierdieben, die von ihrer Höhle aus versuchen die Eier zu rauben. Sobald sie aber von den Dinosauriereltern am Po berührt werden, müssen sie sich unverrichteter Dinge in ihre Höhle zurückziehen und dürfen erst nach einer kurzen Pause einen neuen Versuch wagen. Nach einiger Zeit werden die Rollen getauscht.
Wer mag, kann den Dinosauriereltern noch ein kleines Handicap verpassen, etwa die Arme aus den Pulloverärmeln ziehen und unter dem Pullover verschränken, einen aus Papier gebastelten Dinokopf aufsetzen...

Variationen

- Die Eierdiebe, die von den Dinosauriereltern berührt werden, müssen helfen die Eier zu bewachen.
- Zwei Dino-Familien versuchen sich gegenseitig die Eier aus den Nestern zu klauen. Dabei wird das strategische Denken und das Zusammengehörigkeitsgefühl geschult.

Diamantendiebe

Alter: ab 4 Jahren
Anzahl: 2 Kinder und mehr, Spielleitung
Materialien: Kreide, 1 Ball oder anderer, nicht zu kleiner Gegenstand

Spielvorbereitung:
Mit der Kreide wird ein Kreis als sicheres Revier für den Diamantenbesitzer markiert. Der Diamant wird von der Spielleitung versteckt.

Spielablauf:
Alle Kinder werden zu Schatzsuchern. Findet ein Kind den riesigen Diamanten, möchte es ihn nicht mehr hergeben. Die anderen wollen den Diamanten ebenfalls an sich bringen. Sie kämpfen darum mit fast allen Mitteln. Sie können den Besitzer kitzeln, necken und richtig mit ihm kämpfen, aber sie dürfen ihm nicht wehtun.
Schafft es der Diamantenbesitzer, mit dem Diamanten in sein sicheres Revier zu gelangen, kann ihm niemand mehr seinen Diamanten abnehmen und das Spiel ist zu Ende.

Ritter Kartoffel

Alter: ab 5 Jahren
Anzahl: 2 Kinder
Materialien: für jedes Kind 1 Suppenlöffel, 1 kleine Kartoffel, 1 Schwert (zusammengerollte Zeitungen), 1 Topf oder Blechschüssel

Die Kinder bekommen in eine Hand einen Suppenlöffel, in die andere das „Zeitungsrollenschwert“ und auf den Kopf eine Blechschüssel oder einen Topf. Auf den Löffel wird eine Kartoffel gelegt.
Die Kinder fechten miteinander, wobei jedes versucht, dem anderen die Kartoffel vom Löffel zu fechten. Wer seine Kartoffel fallen lässt,

hat verloren. Der Gegner darf natürlich weder angerempelt noch festgehalten werden.

Variation

Zwei gleich große Gruppen stellen sich an einer Startlinie auf. Alle Kinder haben einen Löffel und ein Zeitungsrollenschwert. Auf das Startsignal hin schnappen sich je zwei Kinder (eins aus jeder Gruppe) zuerst den „Helm", dann eine Kartoffel, legen sie auf ihren Löffel und laufen damit zur Ziellinie.
Natürlich versuchen sie sich auf dem Weg dorthin gegenseitig die Kartoffeln von den Löffeln zu fechten. Welche Gruppe hat am Ende die meisten Kartoffeln ins Ziel gebracht?

Hinweis Bei diesem Spiel geht es nicht nur um das Kämpfen gegeneinander. Auch die Koordinationsfähigkeit des Körpers wird geschult, wenn beide Hände unterschiedliche Aufgaben bewältigen müssen und der Kopf noch einen Topf balanciert.

Affenstark

Alter: ab 4 Jahren
Anzahl: 2 Kinder und mehr
Materialien: 1 gelbes Tuch, 1 langes Seil für die Spielvariante

Die Kinder teilen sich in zwei Gruppen oder bilden Paare. Das gelbe Tuch wird zu einem Seil gedreht. Es ist die Banane, um die alle Affenkinder streiten. Sie ziehen und zerren daran und versuchen sie den Gegnern zu entreißen.
Es können verschiedenen Regeln vereinbart werden:

- Entweder findet eine Art Seilziehen statt, bei dem beide Gruppen jeweils das Ende der Banane ergreifen und daran ziehen, bis eine Mittellinie überschritten wird.
- Die Banane wird in die Luft geworfen und alle versuchen sie zu schnappen. Wer sie erwischt, muss sie gegen die anderen verteidigen, die mit allen Tricks wie Kitzeln, Ablenken... arbeiten.

Variation

Seilziehen übers Wasser: Die Kinder teilen sich in zwei Gruppen, die einander gegenüber stehen. Zwischen den Kindern befindet sich eine Pfütze. Die Kinder versuchen sich gegenseitig in die Pfütze zu ziehen.

Federn stehlen

Alter: ab 4 Jahren
Anzahl: 3 Kinder und mehr
Materialien: Wäscheklammern oder Krepppapierstreifen und Klebeband, Kreide oder Körbchen oder Teller

Jedes Kind verwandelt sich in einen Paradiesvogel und erhält eine bestimmte Anzahl „Federn" (Wäscheklammern oder Krepppapierstreifen), die an der Kleidung befestigt werden.
Alle gehen kreuz und quer durch den Raum und versuchen den anderen so viele Federn wie möglich zu rauben. Die erbeuteten Federn können in die Hosentasche gesteckt oder in ein Nest gelegt werden, das für jedes Kind vorher markiert oder aufgestellt wurde.
Die Kinder dürfen nur nach den Federn greifen, d. h. sie dürfen einander nicht berühren oder gar festhalten.
Wenn keiner mehr eine Feder am Körper hat, wird gezählt, wer am meisten Federn sammeln konnte.

Handschlag

Alter: ab 6 Jahren
Anzahl: 2 Kinder
Materialien: keine

Ein Kind streckt dem anderen seine Hände mit den Handflächen nach oben entgegen. Das andere Kind legt seine Hände mit den Handflächen nach unten darauf. Beide blicken sich starr in die Augen.
Derjenige, der die Hände unten hat, klatscht unvermittelt und blitzschnell auf die Handrücken des Gegners. Der versucht schnell zu reagieren und seine Hände wegzuziehen. Nach jedem Treffer werden die Rollen getauscht.

Der Riese Schnappsack

Alter: ab 4 Jahren
Anzahl: 5 Kinder und mehr
Materialien: Kreide oder 1 Schnur, 1 Decke

Mit der Kreide wird die Behausung des Riesen Schnappsack markiert. Ein Kind wird durch Auszählen zum Riesen Schnappsack, die anderen zu frechen Zwergen.
Der Riese Schnappsack ist eigentlich ein friedlicher Geselle, wenn man ihn nicht reizt und seine Grenzen nicht überschreitet. Doch genau das tun die frechen Zwerge: Der Riese kann in seinem Haus schlafen oder sein Haus verlassen und einen Spaziergang machen. Er trägt dabei immer seinen Schnappsack (die Decke) mit sich herum.
Die Zwerge versuchen sein Haus zu betreten oder ärgern den Riesen, indem sie ihn hänseln oder ihn berühren. Der Riese warnt die Zwerge dreimal: *Lasst mich in Frieden, sonst steck ich euch in meinen Schnappsack!* Weil die Zwerge nicht aufhören, macht er sich auf die Jagd nach ihnen. Er fängt sie, indem er seine Decke über sie wirft. Jeder Zwerg, den er erwischt, scheidet aus.

Variation

Der Riese Schnappsack kann die Zwerge auch ohne Decke fangen und in seine Höhle bringen. Von da an müssen sie ihm beim Fangen helfen, bis nur noch ein Zwerg übrig bleibt, der zum nächsten Riesen wird.

Jägerball

Alter: ab 4 Jahren
Anzahl: 5 Kinder und mehr
Materialien: 1 Softball, evtl. Kreide

Ein Kind wird durch Auszählen zum Jäger bestimmt. Die anderen Kinder sind die Hasen und springen kreuz und quer durch den Raum oder ein markiertes Spielfeld.
Der Jäger erlegt die Hasen, indem er sie mit dem Ball trifft. Er darf dabei nur auf den Rücken oder den Po zielen. Jeder getroffene Hase scheidet aus. Wer bis zuletzt übrig bleibt, ist der nächste Jäger.

Variation (für Kinder ab 7 Jahren)

Der Jäger darf nicht mit dem Ball in der Hand laufen. Er muss einen Hasen aus dem Stand treffen. Gelingt ihm das, wird der Hase ebenfalls zum Jäger.
Die Jäger können sich den Ball jetzt zuspielen um in Wurfnähe an die Hasen heranzukommen. Dabei darf aber immer nur der Jäger auf die Hasen zulaufen, der den Ball gerade nicht hat. Fängt er den Ball, muss er sofort stehen bleiben. Der letzte Hase wird in der nächsten Spielrunde zum ersten Jäger.

Wasserbombenschlacht

Alter: ab 5 Jahren
Anzahl: 2 Kinder und mehr
Materialien: Wasserbomben (kleine Luftballons, die mit Wasser gefüllt werden können), 1 Seil oder andere Markierung

Ein Spiel, das an einem heißen Sommertag großen Spaß macht:
Das Spielfeld wird durch eine Markierung in zwei Felder aufgeteilt. Die Kinder teilen sich in zwei Gruppen auf und erhalten die gleiche Anzahl Wasserbomben.
Die Gruppen stehen einander gegenüber und bewerfen sich mit den Wasserbomben, wobei nicht auf den Kopf gezielt werden darf.
Wenn die Wasserbomben platzen, wird der Gegner richtig nass. Die Wasserbomben können auch aufgefangen und zurückgeworfen werden. Wenn alle Wasserbomben geplatzt sind, ist das Spiel zu Ende.

Variationen

- Es können auch zwei Kinder jeder Gruppe damit beauftragt werden, immer neue Wasserbomben zu füllen. Nach einiger Zeit werden sie von zwei Werfern abgelöst. Wer getroffen ist, scheidet aus.
- Anstatt mit wassergefüllten Ballons werfen die Kinder mit Schwämmen oder nassen Waschlappen.

Wasserkegeln

Alter: ab 3 Jahren (gestaffelter Schwierigkeitsgrad)
Anzahl: 2 Kinder und mehr
Materialien: 1 Eimer, 1 leichte, aufrecht stehende Plastikspielfigur (z. B. Kegel), Wasserbehälter, Wasserspritzen (z. B. leere Spülmittelflaschen)

Spielvorbereitung:
Es wird ein umgestülpter Eimer und darauf die leichte Plastikspielfigur aufgestellt. Etwa ein bis zwei Meter davon entfernt ist die Startlinie, hinter der sich die Kinder mit ihren Wasserspritzen aufstellen. Sie darf nicht überschritten werden.

Spielablauf:
Auf ein Startsignal hin versucht das erste Kind die Spielfigur umzuspritzen. Gelingt ihm das in ca. 10 bis 15 Sekunden, darf das Kind auf die andere Seite laufen und die Spielfigur wieder aufstellen. Gelingt es nicht, so muss sich das jeweilige Kind wieder hinten anstellen. Das nächste Kind ist an der Reihe. Schaffen es alle Kinder in einer festgesetzten Zeit auf die andere Seite zu gelangen?

Variationen

- Schwieriger wird es, wenn mehrere Plastikkegel umzuspritzen sind. Wie viele schafft ein Kind in der vorgegebenen Zeit? Die Anzahl wird als Punktezahl notiert.
- Spielbeschreibung für die Kleineren:
  Auf ein Startzeichen hin beginnen alle Kinder gleichzeitig auf die Spielfigur zu zielen. Gelingt es ihnen, die Figur umzuspritzen?

Spritzball

Alter: ab 5 Jahren
Anzahl: 4 Kinder
Materialien: 2 angeschlossene Gartenschläuche, 2 leichte Plastikbälle, ein vorher markiertes Spielfeld mit zwei sich gegenüberliegenden Toren.

Die Bälle liegen genau in der Mitte des Spielfeldes. Jeweils zwei Kinder versuchen einen Ball mit dem Wasserstrahl in eines der Tore zu spritzen. Jeder Treffer gibt einen Punkt.

Variationen

- Dieses Spiel lässt sich auch am „Matschtisch“ spielen, wenn man auf einer ebenen Fläche zwei kleine Plastikbälle jeweils auf die andere Seite „spucken“ muss: Jedes Kind nimmt den Mund voll Wasser und zielt damit auf einen der Bälle.
- Gespielt wird mit einer großen, gefüllten Wasserschüssel (ideal ist eine große ovale Wäschewanne mit einem Griff auf jeder Seite für die „Tore“) und ein oder zwei leichten Bällen (Tischtennisbälle):

Die Bälle müssen zum gegenüberliegenden Zielpunkt gepustet werden, gegen den Widerstand des Gegenspielers, der natürlich nicht nur versucht seinen eigenen Ball ins Ziel zu pusten, sondern auch den gegnerischen Ball wegzupusten.
Erschwernis: Ein in der Mitte der Schüssel gespannter Faden, der als Hindernis überwunden werden muss.

Berühren, Streicheln, Massieren

Alle Kinder haben ein Grundbedürfnis nach Nähe, Aufmerksamkeit und Zuwendung, sowohl zu ihren Bezugspersonen als auch zu Gleichaltrigen. Sie brauchen Geborgenheit und körperliche Nähe, um Vertrauen entwickeln zu können und sich geliebt zu fühlen. Je jünger ein Kind ist, desto größer ist sein Bedürfnis nach Zärtlichkeit und körperlicher Nähe.

Diese Bedürfnisse der Kinder sollten erfüllt werden, denn Kinder, die wenig körperliche Zuwendung erfahren, sind auch selbst kaum in der Lage angemessen Kontakt, auch Körperkontakt aufzunehmen und zu pflegen. Diese Kinder neigen dazu, durch schubsen, stoßen, „necken" auf sich aufmerksam zu machen und dabei die Grenzen anderer Kinder zu überschreiten.

Tast- und Fühlerlebnisse, Berührungsspiele und Massagen können zu Streicheleinheiten für die Seele von Kindern werden und sind für die Entwicklung dringend notwendig. Berührungsspiele und Massagen ermöglichen Kindern die Erfahrung, wie körperliche Zuwendung auf sie wirkt und wie sie selbst mit anderen angemessen umgehen können.

Die Kinder sollen dabei unbedingt die Erfahrung machen, dass sie selber die Regeln und Grenzen bestimmen können, indem sie beispielsweise entscheiden, wann, wo, wie lange, auf welche Weise oder ob sie überhaupt berührt werden möchten! Kinder, die sich nicht an einem dieser Spiele beteiligen möchten, haben jederzeit das Recht, als Zuschauer passiv an diesen Spielen teilzunehmen und möglicherweise durch das Zuschauen Berührungsängste abzubauen. Vielleicht sind sie bei der nächsten oder übernächsten Gelegenheit aktiv dabei. Wenn auf diese Weise die Grenzen des Kindes respektiert werden, kann es sich (und uns) im Laufe der Zeit trauen, diese Grenzen zu überwinden.

Berührungsspiele und Massagen können zudem eine gute Möglichkeit sein, Kinder nach Kampf- und Tobespielen wieder zur Ruhe kommen zu lassen und den spielerischen Aspekt der Kampfspiele zu betonen:

Wir haben miteinander gekämpft, aber wir sind nicht wirklich böse miteinander und nicht verfeindet.

Streichelnde Hände

Alter: ab 5 Jahren
Anzahl: 2 Kinder und mehr, die Kinder sollten miteinander vertraut sein und sich mögen
Materialien: Decken, evtl. Musik und Igelbälle oder Tennisbälle

Jedes Kind sucht sich einen Partner. Ein Kind legt sich bequem auf eine Decke. Wenn es möchte, schließt es die Augen. Das andere Kind kniet seitlich daneben und legt seine Hände auf die Füße des liegenden Kindes. Es wandert mit seinen Händen sanft über die Beine, den Körper und die Schultern zum Kopf. Zuletzt streift es noch einmal am Körper entlang bis zu den Füßen. Danach werden die Rollen getauscht.
Sie können dazu leise Meditationsmusik anbieten..

Variation

Das kniende Kind kann seine Hände auf den Rücken des anderen Kindes legen und dessen Atem, also das Heben und Senken des Körpers, erspüren.

Hinweis Anschließend können die Kinder ihre Erfahrungen austauschen: Was war angenehm, was weniger angenehm?
Sollten Kinder die direkten Berührungen mit den Händen scheuen, kann auch ein Igelball (Gummiball mit Noppen) oder ein Tennisball eingesetzt werden.

Streichelei

Alter: ab 5 Jahren
Anzahl: 2 Kinder und mehr
Materialien: Feder, Rasierpinsel, Watte..., Decken oder Matten

Wichtig ist den Kindern vorher zu erklären, dass sie jederzeit *Nein*, *Finger weg* oder *Stopp* sagen können, wenn ihnen etwas nicht gefällt oder wenn sie an einer Körperstelle gestreichelt werden, an der sie nicht berührt werden möchten.
Jedes Kind sucht sich einen Partner, eines legt sich bequem auf die Decke. Jetzt kann die Streichelei beginnen.
Das Kind, das gestreichelt wird, gibt Anweisungen, wo oder womit es gestreichelt werden möchte. Die Kinder dürfen und sollen Grenzen setzen und *Nein* sagen, wenn ihnen etwas unangenehm ist. Das streichelnde Kind muss sich genau an die Aussagen des anderen Kindes halten und sofort aufhören oder die Körperstelle wechseln, wenn es dazu aufgefordert wird.
Die Streichelmaterialien können auf Wunsch gewechselt werden. Nach einiger Zeit werden die Rollen getauscht.

Variation

Das gestreichelte Kind kann nicht sehen, womit es gestreichelt wird und soll den Streichelgegenstand erraten. Hierzu können auch Materialien eingesetzt werden, die sich nicht so angenehm anfühlen, etwa ein Löffel, ein Radiergummi, eine Bürste...

Hinweis Die Kinder sollen und können unmittelbar ihre Erfahrungen austauschen und angenehme von unangenehmen Berührungen unterscheiden. Wie hat sich das Material angefühlt? Kalt – warm, glatt – rau...

Malen, Schminken und Frisieren

Alter: ab 3 Jahren
Anzahl: 1 Kind und mehr
Materialien: Fingerfarben, Schminkutensilien, Kämme, Bürsten, Lockenwickler...

Das Malen mit Fingerfarben macht Kindern besonderen Spaß und führt gleichzeitig zu einem sinnlichen Erlebnis.
Die Kinder können sich gegenseitig Hände und Füße bemalen und Spuren auf einem Papier hinterlassen. Auch Abdrücke mit Nase oder Lippen (mit Lippenstift) sind lustig und intensivieren die Körperwahrnehmung.
Aus allen Abdrücken zusammen kann schnell ein Ratespiel entstehen: *Zu wem gehört dieser Fuß (dieser Mund, dieses Ohr...)?*

Variation

Kinder finden es lustig sich selbst oder andere zu schminken oder zu frisieren. Bieten Sie den Kindern die entsprechenden Materialien an, dann können sie „Beim Friseur" oder „Bei der Kosmetikerin" spielen.

Der lachende Bauch

Alter: ab 4 Jahren
Anzahl: mind. 2 Kinder – je mehr, desto besser
Materialien: Fingerfarben, evtl. Fotoapparat und Fotokarton

Je zwei Kinder finden sich zu Paaren zusammen. Das eine malt, das andere stellt seinen Bauch als Malfläche zur Verfügung. Auf den Bauch wird nun ein Gesicht gemalt. Wie sieht das Gesicht aus? Lustig, traurig, wütend? Ändert sich der Gesichtsausdruck, wenn der Bauch eingezogen oder besonders dick gemacht wird?
Machen Sie Polaroidfotos, die anschließend auf einen Fotokarton aufgezogen und im Gruppenraum aufgehängt werden können.

Hinweis Dieses Spiel passt wunderbar in die Sommerzeit, wo sowieso alle leicht bekleidet sind oder als Spiel bei einem Sommerfest. Lassen sich da vielleicht auch Väter überreden, sich als „Leinwand" zur Verfügung zu stellen?

Verstecken

Alter: ab 4 Jahren
Anzahl: 2 Kinder und mehr
Materialien: mehrere kleine Gegenstände

Die Kinder finden sich zu Paaren zusammen. Jedes Paar erhält einen Gegenstand, den eines der Kinder, während das andere sich abwendet oder die Augen schließt, unter seiner Kleidung versteckt. Vielleicht versteckt es den Gegenstand im Ärmel, unter dem Pullover, im Strumpf...
Das Kind wendet sich auf ein Zeichen seinem Spielpartner wieder zu und sucht den Gegenstand an dessen Körper, indem es behutsam danach tastet. Hat es den Gegenstand gefunden, werden die Rollen getauscht.

Hinweis Nutzen Sie die Gelegenheit, um mit Kindern darüber zu sprechen, dass sie mit anderen behutsam und vorsichtig umgehen sollten – so wie sie selbst es ja auch erwarten.
Ältere Kinder mögen dieses Spiel manchmal nicht – das müssen wir selbstverständlich akzeptieren.

Telegrafieren

Alter: ab 4 Jahren
Anzahl: 2 Kinder und mehr
Materialien: keine

Die Kinder sitzen hintereinander. Das hintere Kind malt oder schreibt dem vorderen Kind etwas auf den Rücken. Jüngere Kinder malen ganz einfache Dinge, wie beispielsweise eine Sonne oder ein Herz, ältere Kinder können auch Worte oder sogar kurze Sätze auf den Rücken schreiben. Das vordere Kind rät, um welches Bild oder Wort es sich handelt.
Es können auch mehrere Kinder hintereinander sitzen und jeder gibt die Botschaft an das Kind vor ihm weiter, bis das vorderste Kind in der Reihe versucht die Botschaft zu entschlüsseln.

Die verzauberte Katze

Alter: ab 4 Jahren
Anzahl: 2 Kinder und mehr
Materialien: evtl. Musik

Ein Kind, die kleine Katze, wurde von einer bösen Hexe verzaubert. Sie kauert am Boden und schläft. Ein anderes Kind wird zur guten Fee. Es legt seine Hände auf den Rücken der kleinen Katze und versucht den Zauber durch Streicheln und Reiben zu lösen.
Sind der kleinen Katze die Berührungen angenehm, erwacht sie langsam aus ihrem Zauberschlaf und beginnt sich zu recken und zu strecken. Sind ihr aber die Berührungen unangenehm, beginnt sie zu fauchen und die Krallen zu zeigen.
Später werden die Rollen getauscht.

Hinweis Um die Entspannung noch zu vertiefen, können Sie leise Meditationsmusik anbieten.

Kitzelei

Alter: ab 4 Jahren
Anzahl: 2 Kinder und mehr
Materialien: 1 Betttuch oder Decke

Ein Kind meldet sich freiwillig und wird mit einem Tuch verhüllt. Die anderen dürfen es durch das Tuch kitzeln, aber nur so lange, bis es ein (vorher vereinbartes) Signal gibt, das die Kitzelei sofort beendet: Sobald es z. B. *Stopp!* oder *Es reicht!* ruft, müssen alle sofort aufhören.

Körpergespräch

Alter: ab 5 Jahren
Anzahl: 2 Kinder und mehr
Materialien: Musik, evtl. Augenbinden

Spielen Sie leise Meditationsmusik im Hintergrund.
Zwei Kinder sitzen Rücken an Rücken auf dem Boden. Sie begrüßen einander durch leichtes Aneinanderreiben des Rückens und „unterhalten" sich, indem sie verschiedene Bewegungen mit dem Rücken ausführen.
Es können sanfte, beruhigende Bewegungen ebenso wie lebhafte, lustige Bewegungen entstehen. Wenn die Musik leiser wird und verklingt, werden beide ruhig und verabschieden sich voneinander.

Variation

Die beiden Kinder haben die Augen verbunden und wissen nicht, wer hinter ihnen sitzt. Können sie es nur durch den Körperkontakt erraten?

Springmaus

Alter: ab 4 Jahren
Anzahl: 3 Kinder und mehr
Materialien: keine

Alle Kinder sitzen im Kreis. Ein Kind wird durch Auszählen zur Springmaus, die sich in der Mitte des Kreises zusammen kauert. Ein anderes Kind verlässt daraufhin kurz den Raum.
Nun vereinbaren alle gemeinsam, an welcher Körperstelle die Springmaus berührt werden soll, damit sie zum Leben erwacht und zu springen beginnt, z. B. an der Nasenspitze, am rechten Ohr, an der linken Schulter, am Po...
Das vor der Tür wartende Kind wird herein gerufen und soll nun diesen Punkt ertasten. Eine kitzelige und lustige Angelegenheit, bei der es der Springmaus manchmal gar nicht so leicht fällt ruhig zu bleiben.
Ist der richtige Punkt getroffen, hüpft die Springmaus los. Sie darf als nächste vor die Tür und ein anderes Kind hockt sich als neue Springmaus in den Kreis.
Variante: Ein Kind spielt einen Roboter, der nur in Bewegung gesetzt werden kann, wenn der Anschaltknopf gefunden ist.

Die andere Reise nach Jerusalem

Alter: ab 5 Jahren
Anzahl: 6 Kinder und mehr, Spielleitung
Materialien: 1 Stuhl (oder Kissen) weniger als Kinder, Musik

Die Stühle sind in zwei Reihen aufgestellt, und zwar Lehne an Lehne.
Die Kinder gehen, genau wie bei der bekannten Spielversion, zur Musik um die Stühle herum. Bei Musikstopp sucht sich jedes Kind blitzschnell einen Platz.

Allerdings scheidet hier das Kind, das keinen Platz mehr findet, nicht aus, sondern sucht sich ein Kind, bei dem es auf dem Schoß sitzen darf. Wer nicht „besetzt" werden möchte, kann *Nein!* rufen. Dann muss sich das Kind, das sich gerade setzen wollte, einen anderen Schoß suchen, auf dem es willkommen ist. Oder alle rücken etwas enger zusammen und machen dem Kind einen Platz frei. Wenn Kissen als Sitzgelegenheiten verwendet werden, setzt es sich zwischen die gegrätschten Beine eines anderen Kindes.
Nach jeder Runde wird ein Stuhl entfernt. Die Musik wird wieder eingeschaltet.
Am Ende bleibt nur ein Stuhl oder ein Kissen übrig und alle Kinder sitzen aufeinander oder hintereinander.

Variation
(für Kinder, die sich nicht so gut kennen...)

Wenn sich die Kinder nicht so gut kennen oder nicht bei anderen auf dem Schoß sitzen möchten, können Sie stattdessen vereinbaren, dass sich die Kinder, die keinen Sitzplatz mehr finden, hinter den sitzenden Kindern aufstellen. Dazu stellen Sie die Stühle nicht Lehne an Lehne, sondern mit etwas Abstand oder in einer Reihe auf.

Angenehm – Unangenehm

Es ist wichtig, dass Kinder eindeutig zwischen Berührungen, die ihnen angenehm sind und Berührungen, die ihnen unangenehm oder „irgendwie komisch“ vorkommen, unterscheiden können. Nur wenn sie diese Unterscheidung für sich selbst eindeutig und sicher treffen können, werden sie in der Lage sein sich gegebenenfalls abzugrenzen.

Bei den vorangegangenen Spielen konnten die Kinder viele verschiedene Berührungen kennen lernen. Sie konnten erfahren und unterscheiden lernen, wie unterschiedliche Berührungen auf sie wirken und welche Empfindungen dadurch ausgelöst werden können. Sie ermutigen die Kinder, ihrem Spielpartner in der jeweiligen Situation sofort zu sagen, wenn sie etwas nicht möchten. Sie können sagen: *Streichle mich da noch mal!* oder *Kitzel mich noch mal mit der Feder!* oder *Nimm die Finger weg!* oder *Kneif mich nicht!*
Auch das Kind, das den aktiven Part übernimmt, kann sich weigern an einer bestimmten Stelle zu streicheln, noch mal zu kraulen... Wenn das aktiv streichelnde Kind nicht mehr mag, ist das Spiel ebenso selbstverständlich zu Ende, wie wenn das gestreichelte Kind keine Lust mehr hat. Es liegt in der Verantwortung der Spielleitung, die Kinder während der Spiele genau zu beobachten und wahrzunehmen, wenn sich ein Kind unwohl fühlt. Hier gilt es dann einzugreifen und das Kind sofort zu ermutigen, zu sagen, wenn ihm etwas nicht gefällt und seine unangenehmen Gefühle sofort zu äußern: *Wenn dir das nicht gefällt, Maria, dann sag es! Petra hört sofort auf, wenn du etwas nicht willst!*

Wenn Kinder sich gegen Berührungen, die sie nicht mögen, nicht abgrenzen können, liegt das nicht selten an einer gewissen „Sprachlosigkeit“. Deshalb ist es in diesem Zusammenhang wichtig, die Erfahrungen der Kinder aufzugreifen und sie anzuregen, ihre Bedürfnisse unmittelbar „in Worte zu fassen“.

Hoppel will Moppel kraulen

(Figuren- oder Rollenspiel)

Alter: ab 4Jahren
Anzahl: 1 Kind und mehr
Materialien: Handpuppen

Hoppel krault Moppel so gern zwischen seinen langen Löffeln. Der Moppel mag das aber gar nicht. Hoppel nervt ihn fürchterlich, weil er immer wieder kommt und einfach keine Ruhe gibt. Einmal haut Moppel Hoppel sogar tüchtig auf die Pfoten – aber selbst das hilft nicht.
Hoppel versucht immer wieder Moppel zu überreden, sich von ihm kraulen zu lassen. Er bietet Moppel seine leckere Karotte an. Er verspricht Moppel anschließend mit ihm auf den Spielplatz zu gehen...
Moppel sucht Hilfe bei den Kindern. Er will auf keinen Fall zwischen den Ohren gekrault werden – auf gar keinen Fall!!! Was raten ihm die Kinder?
Moppel probiert die Vorschläge der Kinder aus...
Abschließend können die Kinder im Rollenspiel eigene Erlebnisse aufgreifen und durchspielen.
Impulsfragen: Ist dir schon mal jemand zu nahe getreten – was hast du getan? Was kannst du noch ausprobieren?

Zisch ab

Alter: ab 4 Jahren
Anzahl: 2 Kinder und mehr
Materialien: evtl. wasserlösliche Schminkstifte, bunte Tücher oder Blumenkränzchen, evtl. Leckereien

Ein Kind spielt eine Biene, die anderen Kinder sind die Blumen. Sie können sich anmalen, bunte Tücher umhängen und ein Blumenkränzchen auf den Kopf setzen. Die „Blumen" hocken sich in Kauerstellung auf den Boden, noch sind ihre Blüten geschlossen.
Die Biene schwirrt summend um die Blumen herum und versucht sie zum Blühen zu bewegen: durch kitzeln, streicheln, zupfen...
Berührt die Biene eine Körperstelle, an der das Blumenkind nicht berührt werden möchte, kann es die Biene verjagen, indem es: *Zisch ab!* oder *Hier nicht!* sagt und die Biene mit der Hand weg scheucht.
Wenn eine der Blumen die Berührung aber mag, so kann sie sich aufrichten und der Biene freiwillig ihr Blumenkränzchen anbieten.
Als besonderen Reiz können die Blumen auch eine kleine Leckerei bereithalten, ein Gummibärchen, eine Weintraube, eine Nuss o. Ä., die sie der Biene geben.

Variationen

- Der kleine Nachbarshund (ein Kind auf allen Vieren) kommt zu Besuch. Er stupst die anderen Kinder mit seiner kleinen Schnauze (der Nase) an allen möglichen Körperteilen an, schnüffelt an ihnen herum, leckt vielleicht sogar! Damit er überall dran kommt, sitzen die Kinder auf dem Boden.
  Ist ihnen die Berührung angenehm, streicheln und kraulen sie den kleinen Hund. Möchten sie an einer Stelle nicht berührt werden, gebieten sie ihm Einhalt, indem sie beispielsweise *Aus!* rufen und den kleinen Hund wegschieben.
  Wer von dem Hund gar nicht berührt werden möchte, kann sich auch etwas einfallen lassen, um ihn abzuwehren: z. B. ein Tuch zwischen sich und den Hund halten, eine Hexenmaske aufsetzen, um den Hund zu erschrecken, eine Fliegenklatsche, um ihn zu vertreiben...
- Ein Kind spielt eine kleine Katze. Die Katze möchte auf den Schoß oder sie möchte gekrault werden. Wenn die Katze an einer Stelle berührt wird, an der es ihr nicht angenehm ist, beginnt sie zu fauchen, andernfalls schnurrt sie.

Ich habe dich gern

Alter: ab 5 Jahren
Anzahl: 4 Kinder und mehr
Materialien: keine

Zunächst sprechen Sie mit den Kindern darüber, wen sie gern haben.
Welche Möglichkeiten haben sie, das dem anderen auch zu zeigen?
Sie könnten ihm etwas Nettes sagen, ihn in den Arm nehmen, ihn fest drücken, ihn streicheln, ihn küssen, ihm zulächeln oder zublinzeln, ihn umarmen, es ihm einfach sagen, ihm die Hand drücken, ihm auf die Schulter klopfen...
Nun sucht sich jedes Kind einen Partner, den es mag und sagt: *Ich habe dich gern. Wie soll ich es dir zeigen?*
Dann führt es die Zuneigungsbekundung aus, die sich sein Partnerkind gewünscht hat – aber nur dann, wenn diese Geste ihm selbst auch angenehm ist.

Hinweis Bei diesem Spiel können sich durchaus Situationen ergeben, die Sie sofort aufgreifen sollten.
Ein Beispiel: Lena verlangt von ihrer Freundin Steffi, dass sie vor ihr auf die Knie fallen und gar noch ihre Füße küssen soll. Alle amüsie-

ren sich köstlich, als Steffi das tatsächlich lachend tut.
Warum verlangt Lena das von Steffi? Macht sie nur Spaß oder möchte sie Steffi erniedrigen? Warum macht Steffi da mit? Weiß sie, dass es nur Spaß ist? Würde sie das bei Sarah auch machen oder nur bei Lena, von der sie weiß, dass ihre Freundin sie nie wirklich erniedrigen würde?
Sprechen Sie mit Kindern in diesem Zusammenhang über Zuneigung, Achtung, Rücksichtnahme und Vertrauen. Wenn wir jemand wirklich gern haben, möchten wir, dass es ihm gut geht und dass er sich wohl fühlt. Deshalb akzeptieren wir selbstverständlich, wenn er etwas nicht mag oder etwas nicht mitmachen möchte, auch wenn es uns selbst Spaß machen würde. Das bezieht sich nicht nur auf Berührungen, sondern auch auf Spiele oder andere Beschäftigungen.
Es kann sich die Frage anschließen, ob die Kinder selbst schon einmal Zuneigungsbekundungen erhalten haben, die sie nicht mochten, einen Kuss etwa, eine Umarmung oder ein Tätscheln des Kopfes...

Kussgeschichten

Alter: ab 5 Jahren
Anzahl: 2 Kinder und mehr
Materialien: alte Zeitschriften, Fotokarton, Verkleidungskiste

Spielvorbereitung:
Aus den Zeitschriften werden „Kussbilder" ausgeschnitten (neben „ganz normalen" auch sehr „außergewöhnliche" Kusssituationen). Kleben Sie diese Bilder auf etwas festeres Papier, das verlängert ihre „Lebensdauer".

Spieleinleitung:
Dieses Spiel kann über ein Lied oder eine Bilderbuchbetrachtung eingeleitet werden.
Geeignet ist z. B. das Lied „Wenn sich die Igel küssen" von Johannes Kuhnen, wobei jeweils zwei Kinder die einzelnen Strophen mitspielen.
Oder Sie betrachten gemeinsam das Bilderbuch „Kein Kuss für Mutter" von Tomi Ungerer: Kinder wissen oft ganz genau, wann und wen sie küssen möchten. Erwachsene reagieren jedoch mitunter verstört bis verärgert, wenn sie ein Küsschen möchten und plötzlich keins mehr bekommen.

Spielablauf:
Alle Kussbilder werden in die Mitte gelegt. Zwei oder mehr Kinder tun sich jeweils zusammen und wählen sich ein Kussbild aus. Sie erfinden eine kleine Geschichte dazu: Warum küssen sich die Beiden auf dem Bild? Was ist vorher geschehen? Geht es Beiden gut bei diesem Kuss?...
Anschließend werden die Bilder verdeckt in die Mitte gelegt. Nacheinander ziehen die Kinder einer Gruppe jeweils ein Bild aus dem Stapel. Sie suchen sich aus der Verkleidungskiste Requisiten aus und spielen die Kuss-Szene den anderen Kindern vor. Diese sollen raten: Wer küsst hier wen?

Impulsfragen: „Welche verschiedenen Küsse kennt ihr?“ Zum Beispiel den Gute-Nacht-Kuss, den Begrüßungskuss, einen Dankeschön-Kuss usw. Welchen Kuss magst du gern, welchen hast du nicht so gern? Gibt es Situationen, in denen du nicht geküsst werden möchtest oder Menschen, von denen du keine Küsse magst? Wen küsst du am liebsten? Wurde dir schon einmal ein Kuss aufgedrängt oder „gestohlen“ – wie hast du dich dabei gefühlt?

Nachbereitung: Jeder hat das Recht, einen Kuss genau wie jede andere ihm zu intime Berührung oder gar Verletzung zu verweigern! Wie können wir uns wehren, wenn wir nicht geküsst oder berührt werden möchten? Greifen Sie die Anregungen der Kinder auf und spielen Sie diese mit ihnen durch.

Variation

Sie sammeln Vorschläge der Kinder, wer alles küssen könnte, z. B.: Mama, Papa, der Hund, die Katze, der Wellensittich, Tante Agathe, der Goldfisch...
Sie schreiben alle Vorschläge auf und sammeln sie in einem Korb. Die Kinder finden sich paarweise zusammen und ziehen jeweils zwei Zettel. Wer muss jetzt wen küssen? Der Wellensittich die Katze? Tante Agathe den Goldfisch? Die Mama den Hund?
Wie denen das wohl gefällt?
Die Kinder verkleiden sich entsprechend und spielen die jeweiligen Kuss-Szenen. Was wird der Wellensittich wohl machen, wenn die Katze ihn küssen möchte? Wie könnte Mama den Kuss des Hundes abwehren?

Nein sagen

Streit unter Kindern zerrt an unseren Nerven und nicht selten ergreifen wir Partei oder versuchen ein Kind zum Nachgeben zu bewegen – „um des lieben Friedens willen“. Wir sollten uns klar machen, woran das liegt. Ist es nicht so, dass wir alle schon seit frühester Kindheit die Erfahrung gemacht haben, dass Streiten von den Erwachsenen möglichst schnell unterbunden oder oft sogar bestraft wird? Man soll sich vertragen! Streiten darf man nicht! Das haben wir so verinnerlicht, dass uns manchmal sogar der Schweiß ausbricht, wenn wir einen Streit in unserer Umgebung hautnah miterleben müssen. Wir selbst haben große Schwierigkeiten, Konflikte offen und konstruktiv auszutragen und deshalb halten wir sie auch bei Kindern nur schwer oder gar nicht aus.

Dabei ist das Erlernen einer konstruktiven Streitkultur eine der wichtigsten Voraussetzungen, um sich vertragen zu können. Von den unangenehmen Gefühlen, die uns beschleichen, wenn wir in Konflikte mit anderen Menschen geraten, bis zur Harmoniesucht ist manchmal nur ein kleiner Schritt. Wir müssen uns jedoch darüber im Klaren sein, dass angepasste und artige Kinder, die immer gehorchen und nie unsere Entscheidungen und Anweisungen hinterfragen und begründet haben möchten, möglicherweise nicht nur auf unsere „erziehungsberechtigten“ Forderungen und Anweisungen „artig“ reagieren, sondern auch auf die unberechtigten Forderungen Älterer oder fremder Erwachsener. Wollen wir das? Klare Antwort: natürlich nicht! Darum sollten wir Kinder immer ermutigen „nein“ zu sagen oder Begründungen von uns einzufordern, wenn ihnen etwas nicht gefällt. Auch, wenn uns das im jeweiligen Moment vielleicht völlig ungelegen kommt, wir gerade keine Zeit haben, uns den Tag über schon genug geärgert haben usw.

Es erfordert Geduld und Einfühlungsvermögen Kindern verständlich zu machen, dass sie die Rechte und Grenzen von anderen Kindern und Erwachsenen achten und respektieren müssen – und sie gleichzeitig zu unterstützen und ihre Entscheidung zu akzeptieren, wenn sie in berechtigten und realisierbaren Situationen „nein“ sagen oder laut und deutlich fragen: „Warum?“ Wir müssen unsere Kinder immer wieder dazu ermutigen, mit uns zu sprechen und uns mitzuteilen, was sie mögen oder nicht mögen und diese Mitteilungen auch ernst nehmen. Dazu gehört auch, dass Kinder ausdrücken dürfen, wenn sie jemanden aus unserem Freundes- oder Verwandtenkreis nicht mögen, oder dass sie etwas ablehnen dürfen. Sie müssen die Erfahrung gemacht haben und sicher wissen, dass echte Freunde und Menschen, die es gut mit ihnen meinen, ein „Nein“ akzeptieren.

Durch die folgenden Spiele wollen wir Kinder darin bestärken nicht nur Argumente der Erwachsenen für ihre Forderungen einzufordern, sondern selbst begründen zu können, warum sie etwas nicht wollen. Kinder müssen wissen, dass sie sich mit einem deutlichen „Nein“ vor Grenzüberschreitungen jeder Art und von wem auch immer schützen dürfen! Kinder müssen dieses Neinsagen täglich üben, damit aus einem leisen, zaghaften „Nein“ ein lautes, bestimmtes, unmissverständliches „Nein“ wird!

Moppel wehrt sich
(Figuren- oder Rollenspiel)

Alter: ab 4 Jahren
Anzahl: 1 Kind und mehr
Materialien: Handpuppen, evtl. Verkleidungsutensilien

Der kleine Hase Moppel wird vom Nachbarhasen immer am Ohr gezogen – darüber ärgert er sich. Zunächst reagiert er darauf, indem er sich wieder in seinen Bau verkriecht. Aber da will er eigentlich jetzt gar nicht sein. Die Sonne scheint, er möchte auf den Spielplatz, aber da ist der Nachbarhase! Moppel ärgert sich und spricht mit den Kindern: *Der zieht mich am Ohr! Das macht er immer! Das tut mir weh und ich will das nicht! Was soll ich bloß machen?*
Die Kinder machen Moppel die verschiedensten Vorschläge.
Moppel haut ihn. Aber das führt nur dazu, dass er flüchten muss.
Beim nächsten Mal wird er sogar an beiden Ohren gezogen. *Das war eine blöde Idee! Hat niemand einen besseren Vorschlag?*
Ein Kind zieht den Nachbarshasen ebenfalls am Ohr. *Au, hör auf, das tut weh!* sagt der Nachbarshase. Moppel: *Das gefällt dir nicht, oder? Soll ich Benni bitten damit aufzuhören?* Nachbarhase: *Ja, bitte!* Moppel: *Na gut, aber nur, wenn du mir versprichst, dass du mich auch nie wieder am Ohr ziehst! Mir tut das nämlich auch weh!*

Mit diesem animierenden Figurenspiel können Sie die Kinder zum Erfinden und Durchspielen eigener Ideen und Situationen anregen. Dazu können die Kinder anschließend entweder selbst die Handpuppen übernehmen oder sich mit Hilfe der Verkleidungskiste in eigene Rollen verwandeln.

Nein! Nein! Nein!

Alter: ab 8 Jahren
Anzahl: 4 Kinder und mehr
Materialien: Zettel, Stifte, Korb, evtl. Zeitschriften

Spielvorbereitung:
Malen Sie mit den Kindern „Stichwortbilder“ mit Situationen, die ihnen nicht gefallen. Oder schneiden Sie passende Bilder aus Zeitschriften aus.
Wenn Sie öfter mit dem Thema arbeiten möchten, können sie auch Polaroidfotos machen, auf denen die Situationen dargestellt werden. Zum Beispiel: Du sollst deinen Teller leer essen, obwohl du schon satt bist. Ein Fremder bittet dich, in sein Auto zu steigen, um ihm den Weg zu zeigen. Dein Freund fordert dich zu einer Mutprobe auf – du sollst in einem Geschäft eine Süßigkeit stibitzen. Eine Freundin deiner Mutter möchte dich umarmen, du hast aber keine Lust dazu. Ein Mitschüler fordert dich auf, ihm jeden Tag eine Süßigkeit oder Geld mitzubringen... Diese Bilder legen Sie zusammengefaltet in einen Korb.
Als Einstieg zum Thema können Sie das Buch „Das große und das kleine NEIN“ von Gisela Braun und Dorothee Walters einsetzen.

Spielablauf:
Jedes Kind sucht sich einen Partner und alle Spielpaare ziehen jeweils ein Bild aus dem Korb. Ein Kind übernimmt nun die Rolle desjenigen, der vom Kind etwas fordert, was es nicht möchte, während das andere Kind spielt, wie es sich in dieser Situation verhalten würde oder es beginnt sich zu wehren.
Im Rollenspiel werden die Situationen durchgespielt, wobei es wie im richtigen Leben auch vorkommen darf, dass ein Kind nachgibt. Wenn alle Paare eine Weile „geübt“ haben, können sie den anderen Kindern ihre Szene vorspielen.

Nachbereitung: Schon während die Kinder ihre Spielszene erarbeiten, kommt es zu einem regen Gespräch und Austausch darüber, wie das Kind sich wehren könnte oder mit welchen Tricks andere Kinder und auch Erwachsene manchmal versuchen Kinder umzustimmen.

Auch im großen Kreis kann dieses Thema noch weiter vertieft werden: Wie muss ein „Nein" klingen, damit es klar verstanden wird? Gemeinsam können ganz verschiedene „Neins" ausprobiert werden, von leise und zaghaft, unsicher und ängstlich bis hin zu laut und deutlich und damit völlig unmissverständlich.

Wie kann ein „Nein" noch ausgedrückt werden?

Versuchen wir doch einmal, uns beim Neinsagen abzuwenden, laut zu schreien, auf den Boden zu stampfen, den Kopf zu schütteln, mit den Händen abzuwinken oder die Hände in die Hüften zu stemmen...

Ein Nein kann mit und ohne Worte ausgedrückt werden. Ausprobieren! Wenn Kinder all ihre Möglichkeiten kennen und nutzen, wird ihr „Nein!" klar und kann nicht so leicht übergangen werden! Genau das können die Kinder in diesen Rollenspielen üben.

Versäumen Sie es nicht den Kindern zu vermitteln, dass es Situationen geben kann, in denen sie es vielleicht nicht schaffen „Nein" zu sagen.

Impulsfrage: Was kann das Kind tun, an wen kann es sich wenden, wenn es an seine Grenzen stößt und selbst nicht mehr weiter kommt? Den Eltern Bescheid sagen? Einen Erwachsenen in der Nähe ansprechen? Weglaufen oder sich verstecken? Die Polizei anrufen? Was hat die denn für eine Nummer? Ausprobieren!

Die Kinder erfahren auf diese Weise, dass sie nicht mit allen Situationen allein zurecht kommen müssen. Sie sollten wissen, dass sie von anderen unterstützt werden und ihnen geholfen wird, wenn sie sich mit einem solchen Problem an sie wenden.

Los, kraul mich!

Alter: ab 4 Jahren
Anzahl: 5 Kinder und mehr
Materialien: keine

Alle Kinder sitzen im Kreis. In der Mitte sitzt ein Kind als Katze oder Hund, die Wahl des Tieres bleibt dem Kind überlassen.

Nun wird aus dem Kreis der anderen Kinder eines ausgesucht und von der Katze mit einer Forderung konfrontiert (nicht bittend, sondern wirklich energisch vorgebracht!): *Los, kraul mich!* Das angesprochene Kind sagt: *Nein! Ich will nicht! Geh doch wo anders hin!* Die „Katze" antwortet: *Doch! Ich will aber! Los, kraul mich!* Jetzt fällt die Ablehnung des angesprochenen Kindes schon energischer aus. Es könnte der Katze auch mit einer Zeitungspapierrolle auf den Po klopfen, um der Ablehnung Nachdruck zu verleihen.

Nach einigen Fehlversuchen fragt die Spielleitung die Katze: *Sag mal Katze, glaubst du wirklich, dass du jemanden findest, der dich krault, wenn du das so forderst? Vielleicht solltest du versuchen, darum zu bitten, dass du gekrault wirst!*

Die Katze probiert es. Jetzt werden vielleicht immer noch angesprochene Kinder sich verweigern, aber wenn die Katze Erfolg hat, so ist sie erlöst und ein anderes Kind kann das Tier spielen.

Hinweis Bei diesem Spiel werden zwei Aspekte angesprochen: zum einen das Neinsagen in verschiedenen Variationen, von leise bis nachdrücklich. Zum anderen geht es auch darum, Wünsche angemessen und klar formuliert vorzubringen, wenn man sie auch erfüllt haben möchte.

Ich sage „JA" – ich sage „NEIN"

Alter: ab 5 Jahren
Anzahl: 5 Kinder und mehr
Materialien: Musik, Stühle

Eines der Kinder übernimmt die Rolle des „Regisseurs". Die anderen bewegen sich zur Musik durch den Raum. Bei Musikstopp bleiben alle stehen.
Der Regisseur ruft in den Raum, was eines der Kinder tun soll, z. B.: *Der Julian soll die Lisa küssen!* oder *Der Janosch soll ein Stück Seife essen!* oder *Die Marie steigt zu einer fremden Frau ins Auto!* oder *Die Anna soll mir ihr Butterbrot geben!* usw.
Das angesprochene Kind ruft laut *Ich sag JA!* und klatscht in die Hände oder *Ich sag NEIN!* und stampft kräftig mit dem Fuß – je nachdem, ob es dem Regisseur zustimmen möchte oder lieber nicht.
Die anderen Kinder können es bei seiner Antwort lautstark unterstützen. Gibt es da etwa Meinungsverschiedenheiten? Das Kind, das zuerst „Nein" ruft, wechselt in die Regie und ruft nun seinerseits Forderungen an Kinder in den Raum.
Impulsfrage: Fallen den Kindern noch andere Möglichkeiten ein, wie sie ihre Zustimmung oder Ablehnung zeigen können?
Vormachen – nachspielen – ausprobieren!

Hinweis Gemeinsam sind wir stark! – Weil Kinder bei diesem Spiel gemeinsam Ja oder Nein sagen können, fällt es ihnen viel leichter, das auch deutlich zu tun. Deshalb bietet sich dieses Spiel als Einstieg zum Thema „Nein sagen" besonders an.
Kinder wissen, dass es manchmal gar nicht so leicht ist, laut und deutlich „nein" zu sagen. Es erfordert einigen Mut, in einem Geschäft unter vielen Erwachsenen die Stimme zu erheben, weil man auch endlich drankommen möchte und sich schon mehrere Erwachsene vorgedrängelt haben.
Manchmal fällt es auch schwer Nein zu sagen, weil wir einen Menschen, den wir mögen, nicht kränken möchten (z. B. die Freundin, die uns immer über den Rücken streichelt oder die Mama, die Kopfschmerzen hat und gekrault werden möchte, obwohl man doch eigentlich gerade so schön mit Bausteinen spielt). Vielleicht wollen wir uns auch nicht ausschließen, wenn alle anderen bei etwas mitmachen, was wir eigentlich nicht wollen (z. B. bei einer Mutprobe, beim Probieren der ersten Zigarette, wenn jemand gehänselt wird…). Je öfter Kinder dieses laute, bestimmte „Nein" üben können, desto eher wird es ihnen im Notfall auch über die Lippen kommen.

Freunde können einander helfen

Ich habe Freunde

Kindern, die viel Kontakt mit gleichaltrigen Kindern haben, bieten sich zahlreiche Möglichkeiten für soziales Lernen. Im täglichen Umgang miteinander schließen sie Freundschaften und lösen sie wieder. Sie spielen miteinander, streiten und versöhnen sich und entdecken so ihre Gefühle, Empfindungen und Werte. Sie lernen viel über Freundschaften, Mitgefühl, Verständnis, Kooperation und Hilfsbereitschaft und können die Beziehungen zwischen Menschen positiv erleben.
Spielerisch üben sie, die eigenen Interessen zu vertreten und die Interessen anderer wahrzunehmen und lernen so sich durchzusetzen und Rücksicht zu nehmen. Im Umgang miteinander sammeln sie täglich Erfahrungen, die ihnen helfen sich selbst und andere zu verstehen. Und sie können erfahren, wie wichtig es ist Grenzen zu setzen und Grenzen zu achten. Wer Freunde hat erfährt, was es bedeutet, verstanden zu werden und für jemand anderen Verständnis zu haben. Das sichere Wissen gute Freunde zu haben, macht Kinder stark und selbstbewusst.

Verbindungen

Alter: ab 5 Jahren
Anzahl: 5 Kinder und mehr
Materialien: 1 Garn- oder Wollknäuel

Alle Kinder stehen oder sitzen im Kreis. Ein Kind hält ein Wollknäuel in der Hand. Es hält ein Ende fest und wirft das Knäuel einem anderen Kind zu. Dabei ruft es: *Ich mag dich, weil...* (Begründung)
Das angesprochene Kind fängt das Knäuel auf und hält den Faden ebenfalls mit einer Hand fest, bevor es das Knäuel wiederum mit Begründung zu einem anderen Kind wirft.
Auf diese Weise wird so lange weiter gespielt, bis alle Kinder durch Fäden miteinander verbunden sind.

Hinweis Dieses Spiel, das den Kindern viel Spaß macht, hat symbolischen Charakter: Am Ende sind alle im wahrsten Sinne des Wortes miteinander „verstrickt“, es wird offensichtlich, dass sie zusammengehören.
Damit auch wirklich alle Kinder mit „eingebunden“ werden, sollten Sie selbst aktiv am Spiel teilnehmen, um regulierend eingreifen zu können. So bekommen auch die Kinder das Knäuel zugeworfen, die vielleicht nicht so beliebt in der Gruppe sind.

Guten Tag, mein Freund

Alter: ab 6 Jahren
Anzahl: 6 Kinder und mehr, Spielleitung
Materialien: Musik

Alle gehen oder tanzen zur Musik durch den Raum. Wenn die Musik aufhört, sucht jedes Kind sich einen Partner, dem es mit folgenden Worten die Hand reicht: *Guten Tag mein Freund, wie geht es dir – wie fühlst du dich?* Die Kinder unterhalten sich kurz miteinander, bis die Musik wieder einsetzt und alle weitergehen. Beim nächsten Musikstopp suchen sie sich einen anderen Partner.

Hinweis Bei diesem Spiel kommen nicht nur alle miteinander in Kontakt, sondern durch die Frage, wie es dem anderen geht oder wie er sich fühlt, kommt zum Ausdruck, dass er wichtig ist. Die Frage kann auch lauten:
Was hast du heute Schönes oder Unangenehmes erlebt?

Variation

Wenn die Musik aussetzt, umarmt jeder einen Spielpartner. Sobald die Musik weiter spielt, wird die Umarmung gelöst und alle tanzen weiter einzeln durch den Raum. Beim nächsten Stopp der Musik kommen drei Partner zusammen und umarmen sich, dann vier, fünf, sechs und so weiter, bis sich zuletzt alle Kinder zu einer großen Umarmung zusammenfinden.
Wenn die Kinder sich nicht umarmen möchten, können sie sich auch an der Hand fassen! Beachten Sie die Gruppenkonstellation und zwingen Sie den Kindern keine Berührungen auf, die sie nicht möchten.

Hilf mir mein Freund

Alter: ab 6 Jahren
Anzahl: 6 Kinder und mehr
Materialien: keine

Durch Auszählen wird ein Fänger bestimmt. Allerdings darf er nur ein Kind fangen, das er allein erwischt.
Deshalb suchen sich alle Kinder schnell einen Partner, sobald sich der Fänger nähert. Sie fassen sich an der Hand und sprechen dazu: *Hilf mir mein Freund!*
Zu zweit sind sie so stark, dass sie für den Fänger unantastbar werden. Wendet sich der Fänger von ihnen ab, gehen auch die Paare wieder auseinander. Gelingt es dem Fänger doch einmal ein Kind ohne Helfer zu schnappen, wird dieses Kind zum neuen Fänger.
Anmerkung: Die Kinder üben nicht nur um Hilfe zu bitten und selbst Hilfe zu geben, sie machen auch die Erfahrung, dass sie nicht allein sind, sondern zu zweit stark und sicher sein können.

Variation

Ein Kind ist der Fänger, alle anderen laufen vor ihm davon. Erwischt der Fänger ein Kind, muss dieses stehen bleiben, die Beine spreizen und darf sich nicht mehr von der Stelle rühren. Gelingt es einem der freien Kinder durch die gespreizten Beine zu kriechen, ist das gefangene Kind befreit und darf wieder mitspielen.
Anmerkung: Hier ist besonders bemerkenswert, dass sich der Helfer, der versucht den Gefangenen zu befreien, selbst einem erhöhten Risiko aussetzt, gefangen zu werden.

Freundschaft ist, wenn...

Alter: ab 5 Jahren
Anzahl: 5 Kinder und mehr
Materialien: 1 Bilderbuch zum Thema Freundschaft, Papier, Buntstifte oder Wachsmalkreiden

Spieleinleitung:
Zunächst betrachten Sie gemeinsam mit den Kindern ein Bilderbuch zum Thema Freundschaft, z. B. „Komm wir finden einen Schatz" von Janosch.
Impulsfragen: Was ist denn eigentlich Freundschaft? Was fällt euch dazu ein?

Die Kinder malen ihre Ideen zum Thema. Danach zeigen sie die Bilder der Gruppe und stellen ihre Ideen vor. Gemeinsam gestalten sie damit den Gruppenraum.

Spielablauf:
Die Kinder sitzen im Kreis. Die Spielleitung kann einem Kind übertragen werden. Das ruft: *Freundschaft ist, wenn...*
Das nächste Kind rechts neben der Spielleitung muss antworten, z. B.: *Wenn wir zusammen einen Ausflug machen!* Dann springt es auf, holt ein anderes Kind ab, läuft mit ihm einmal in dem Kreis herum, bringt das Kind wieder nach Hause und setzt sich auf seinen Platz zurück.
Die Spielleitung ruft erneut: *Freundschaft ist, wenn...* Das nächste Kind antwortet: *mich jemand ganz lieb drückt!* (*mir jemand über den Kopf streichelt, mit mir zum Spielplatz geht, mir eine Blume schenkt, mir einen schönen Schmetterling zeigt, ich jemandem ein Geheimnis verraten kann* usw.) Es springt auf, läuft zu einem anderen Kind, drückt es (wenn es darf) und geht zu seinem Platz zurück usw., bis alle Kinder einmal antworten konnten.

Hinweis In dem bekannten Kinderbuch von Janosch wird Freundschaft gleich mehrfach thematisiert: Einerseits wird die Frage gestellt, was eine echte Freundschaft ausmacht, z. B. gemeinsam zu träumen, Pläne zu machen und auszuführen, sich dabei gegenseitig zu helfen, wenn es mal schwierig wird (einen müden Freund trägt man auch mal auf dem Rücken und kocht ihm Blumenkohl aus dem Garten). Andererseits wird die Doppeldeutigkeit des Wortes „Schatz" hervorgehoben: Die beiden Freunde haben ja eigentlich etwas anderes gemeint, als sie los zogen um einen Schatz zu finden. Aber der tatsächliche Schatz, den sie (wieder)gefunden haben bzw. der ihnen am Ende bleibt, ist ihre Freundschaft und damit der wertvollste von allen Schätzen der Welt.
Auch dieses Spiel ist für die Kinder eine sehr beglückende Erfahrung. Achten Sie aber bitte darauf, dass keines der Kinder ausgeschlossen bleibt. Gegebenenfalls müssen Sie selbst diesem Kind gegenüber einen Freundschaftsbeweis erbringen.
Weiterführende Gesprächsidee: „Wer ist denn dein allerliebster Freund?" Das kann jemand sein, der im Raum ist. Aber auch jemand von außerhalb oder der Teddy, dem man alle Kümmernisse sagt.

Gemeinsam siegen: Spiele ohne Verlieren

Bei Spielen ohne Verlieren verfolgen meist alle ein gemeinsames Ziel. Dazu ist es notwendig, aufeinander zu- und einzugehen. Für das Entwickeln kooperativer, strategischer Ideen und Handlungen ist Kommunikation eine Grundvoraussetzung. Die Kinder müssen sich miteinander besprechen und absprechen: Wie gehen wir die Aufgabe am besten an? Wer kann welchen Part übernehmen? Was müssen wir zusammen anpacken... Damit das gemeinsame Vorhaben gelingen kann, müssen alle Beteiligten zusammenspielen und zusammenarbeiten.
Strategisches Denken und Handeln wird hier nicht nur zur Qualität eines Einzelkämpfers, sondern eines Teams oder einer Arbeitsgruppe. Gewinnen heißt hier nicht einen Einzelsieg zu erringen – gegen einen anderen, sondern gemeinsam auf kooperative Weise ein Ziel zu erreichen oder ein Vorhaben zu realisieren. Das ist das Ziel der folgenden Spiele. Und es wird gleich beim ersten Spiel, das vor allem symbolischen Charakter hat, deutlich: Wenn wir zusammenhalten und „am gleichen Strang“ ziehen, sind wir gemeinsam stark und es gelingen uns Dinge, die wir allein nicht schaffen können.

Miteinander Seilziehen

Wenn Kinder gegeneinander Seilziehen, gibt es auf der einen Seite Gewinner und auf der anderen Seite Verlierer. Weil Verlieren entmutigen kann, versuchen wir es einmal anders.

Alter: ab 6 Jahren
Anzahl: 3 Kinder und mehr
Materialien: mehrere kurze oder 1 langes Seil

Drei Kinder setzen sich zu Boden und ergreifen ein kürzeres Seil. Indem sie es mit beiden Händen straff ziehen, können sie damit ein Dreieck oder ein Viereck bilden. Schaffen sie es gemeinsam aufzustehen? Das kann nur gelingen, wenn alle gut festhalten.
Mit einem langen Seil können viele Kinder miteinander spielen und kompliziertere Figuren darstellen. Wer weiß schon, wie ein Dreieck, ein Viereck, ein Fünfeck aussieht?
Weitergehende Frage: „Wer bist denn du?“ Antwort: „Ich bin eine Ecke im Dreieck!“ Auf diese Weise wird neben dem räumlichen Vorstellungsvermögen das Bewusstsein geschult, dass viele Teile ein Ganzes ergeben.

Steintransporter

Alter: ab 4 Jahren
Anzahl: 2 Kinder und mehr
Materialien: Handtücher, Bälle (Bausteine, Kartons, Styropor- oder Schaumgummiblöcke etc.; im Sommer und Draußen können Sie auch Holzstücke, Äste u. Ä. verwenden), Korb, evtl. Tischdecke oder Schwungtuch, evtl. Handpuppe (Maus)

Auf der Wiese lebt eine kleine Maus, die nicht mehr aus ihrem Mauseloch heraus kann, weil ein Kieslaster einfach eine ganze Ladung Steine (Bälle, Bausteine, Kartons, Styropor- oder Schaumgummiblöcke etc.) darüber abgeladen hat. Wir wollen der kleinen Maus helfen und die „Steine“ abtransportieren.
Dazu teilen wir uns in zwei Gruppen und innerhalb dieser Gruppen wiederum paarweise auf. Die einen sind die Transporter und halten dazu ein Handtuch zwischen sich als Ladefläche. Die anderen sind der Ladekran und laden die „Steine“ auf die Transporter. Dazu fassen sie sich an den Händen und dürfen die Handfassung zum Aufladen auch nicht lösen. Sobald auf der Ladefläche ein oder zwei „Stei-

ne“ liegen, setzt sich der Transporter in Bewegung und lädt die „Steine“ in einen bereitgestellten Korb oder bringt sie zu einem vorher vereinbarten Abladepunkt, der mit einem großen Tuch ausgelegt ist.
Wenn es den Kindern gelungen ist alle „Steine“ aus dem Weg zu räumen, kann eine kleine Maus (Handpuppe) auftauchen und mit den Kindern jubeln und tanzen.
Variante: Schwieriger wird es, wenn gegen die Uhr gespielt wird. Die Maus erwartet Besuch, und wenn die Kinder nicht rechtzeitig fertig sind, kann sie ihn nicht begrüßen und herein bitten.

Schiffe im Sturm

Alter: ab 5 Jahren
Anzahl: 4 Kinder und mehr (je mehr Kinder, desto besser)
Materialien: 1 Schwungtuch, Decke, Tischtuch, o. Ä., 1 oder mehrere Bälle

Die Kinder verteilen sich um das Tuch herum, heben es gemeinsam hoch und spannen es dabei mehr oder weniger stark. In die Mitte kommt – je nach Schwierigkeitsgrad – ein oder mehrere Bälle. Das Tuch ist das Meer, die Bälle sind die Schiffe.
Nun geht es darum, die „Schiffe“ im Meer so zu bewegen, dass sie nicht vom Tuch herunterfallen. Dabei gibt es verschiedene Zustände der Meeresoberfläche: Der Wind bläst ganz sachte, alle Schiffe fahren zu einem bestimmten Kind an den Rand des Tuches. Oh, jetzt bläst er aus der anderen Richtung, wohin fahren die Schiffe denn jetzt? Ein Sturm kommt auf! Alle Schiffe purzeln (rollen) durcheinander usw.
Wenn ein Ball herunterfällt, so muss das Kind ausscheiden, neben dem der Ball auf den Boden gefallen ist.
Wie lange kann das Spiel mit immer weniger Kindern noch fortgesetzt werden?

Hinweis Dieses Spiel schult und fördert nicht nur die Achtsamkeit gegenüber den anderen Spielpartnern, sondern auch die körperliche Koordinationsfähigkeit.

Schildkröte

Alter: ab 5 Jahren
Anzahl: 3 Kinder und mehr
Materialien: 1 Wolldecke oder Bettlaken

Drei bis acht Kinder kriechen unter eine Decke oder ein Tuch und werden auf diese Weise zu einer großen Schildkröte.
Die Schildkröte versucht sich vorwärts zu bewegen. Das ist gar nicht so einfach und gelingt nur, wenn alle aufeinander und auf die Decke achten, damit sie nicht herunter rutscht.
Sind die Kinder schon etwas geübter, können sie sich auch rückwärts oder seitwärts bewegen. Die Schildkröte kann sogar ein Hindernis überwinden oder etwas auf ihrem Rücken transportieren. Damit wird der Effekt, wenn der Zusammenhalt verloren geht, noch deutlicher.

Hinweis Bei diesem Spiel ohne Gewinner üben die Kinder aufeinander zuzugehen und aufeinander einzugehen. Es ist notwendig sich miteinander zu besprechen, damit das gemeinsame Vorhaben, sich in eine bestimmte Richtung fortzubewegen, gelingen kann. Nur wenn sie ihre „Last“ gemeinsam tragen, können sie etwas erreichen.

Tausendfüßler

Alter: ab 6 Jahren
Anzahl: 3 Kinder und mehr
Materialien: keine

Alle Kinder hocken oder knien in einer Reihe hintereinander auf dem Boden und greifen

mit beiden Händen die Fußgelenke des vorderen Kindes.
In dieser Stellung versucht der Tausendfüßler sich fortzubewegen. Das gelingt nur, wenn sich alle im gleichen Rhythmus vorwärts bewegen. Die Kinder können auch die Hände an die Hüften des Kindes vor ihnen legen und sich fortbewegen. Dabei behalten sie die hockende Stellung bei.

Hinweis Bei diesem Spiel kommt es, ebenso wie beim vorigen Spiel, zu körperlicher Nähe, die viele Kinder durchaus positiv erleben und die ein Gefühl von Angenommensein und Geborgenheit vermitteln kann. Es wird im wahrsten Sinne des Wortes „Hand in Hand" gespielt.

Krankenwagen

Alter: ab 6 Jahren
Anzahl: 4 bis 5 Kinder
Materialien: evtl. Kreide

Ein Kind spielt den Kranken, der dringend ins Krankenhaus gebracht werden soll. Drei oder vier Kinder werden zum Krankenwagen, indem sie dicht nebeneinander auf dem Boden knien und sich mit den Händen abstützen.
Sie holen den Kranken an seinem Haus ab (Startmarkierung). Der Kranke legt sich vorsichtig auf die Rücken der Kinder und hält sich an ihnen fest. Jetzt kann's losgehen! Der Krankenwagen setzt sich langsam und vorsichtig in Bewegung, um den Patienten nicht zu sehr durchzuschütteln oder gar zu verlieren. Schaffen die Kinder das, bis sie am Krankenhaus (Zielmarkierung) angekommen sind? Je geübter die Kinder sind und je besser es ihnen gelingt einen gemeinsamen Rhythmus zu finden, desto schneller können sie den Weg ins Krankenhaus zurück legen.

Vormacher

Alter: ab 5 Jahren
Anzahl: 3 Kinder und mehr
Materialien: keine

Alle Kinder verteilen sich im Raum. Eines wird durch Auszählen zum „Vormacher" bestimmt. Das Kind macht verschiedene Bewegungen vor und alle ahmen diese Bewegungen nach. Nach einiger Zeit tippt der „Vormacher" ein anderes Kind an, das seine führende Rolle übernimmt.

Hinweis Dieses Spiel dient besonders dazu, das Selbstvertrauen der Kinder zu fördern. Es kostet schon ein wenig Überwindung vor die Gruppe zu treten und alle anzuführen. Gleichzeitig macht es natürlich auch Spaß, so wichtig zu sein und an erster Stelle zu stehen. Selbstverständlich sollte kein Kind gedrängt werden, das lieber nicht „Vormacher" sein möchte!

Variation

Puppenspieler: Ein Kind spielt eine Marionette, zwei andere Kinder sind die Puppenspieler. Die zuschauenden Kinder machen durch Zuruf Vorschläge, was die Marionette darstellen soll.

Der steife Stock – ich kann mich fallen lassen

Alter: ab 7 Jahren
Anzahl: 7 bis 9 Kinder, Spielleitung
Materialien: keine

Alle Kinder stehen dicht nebeneinander und bilden einen kleinen Kreis. Ein Kind steht in der Mitte, steif wie ein Stock.
Wenn alle bereit sind, gibt die Spielleitung ein Signal und das Kind in der Mitte lässt sich in

eine beliebige Richtung fallen. Die anderen Kinder fangen es auf oder stoßen es sanft in eine andere Richtung.

Hinweis Wichtig ist, dass die Kinder Vertrauen zueinander haben. Während die einen die Verantwortung für einen Freund übernehmen, kann sich das Kind in der Mitte im wahrsten Sinne des Wortes gehalten und gestützt fühlen, wenn es „sich fallen lassen" möchte. Traut es sich die Augen zu schließen und sich sogar blind auf seine Freunde zu verlassen?

Wer hilft mir?

Alter: ab 7 Jahren
Anzahl: 1 Kind und mehr
Materialien: Papier, Stift, Schere

Spieleinleitung:
Sprechen Sie mit den Kindern vorbereitend über Situationen, in denen sie Hilfe benötigen. Wem können sich die Kinder anvertrauen und wo oder bei wem können sie sich im Notfall Hilfe holen?
Impulse: Es brennt. Ich hab mich verlaufen. Mein Fahrrad wurde geklaut...
Die Kinder malen alle Personen, die für sie als Helfer in Frage kommen, auf Tapetenbahnen, schneiden sie aus und hängen sie im Gruppenraum auf. Es kann ein sehr beruhigendes Gefühl sein einmal zu sehen, an wen sie sich alles wenden können, wenn es brenzlig wird – das vermittelt Sicherheit und im Notfall das Gefühl schwierige Situationen nicht allein durchstehen zu müssen.

Spielablauf:
Reihum können die Kinder nun verschiedene Impulse in den Raum rufen, z. B.:
Ich hab mich verlaufen! oder *Hilfe, Hilfe, es brennt!* oder *Ich hab mich geschnitten, es blutet!*
Die anderen Kinder rufen:
Dann geh doch zu ...
Das Kind rennt zu der genannten Person und stellt sich zu seinem Retter, seiner Retterin.
Lassen Sie die Figuren im Gruppenraum hängen und sprechen Sie die Kinder immer mal wieder auf sie an.

Variation

Ein Kind befindet sich in einer schwierigen oder gefährlichen Situation. Alle anderen Kinder verkleiden sich als mögliche Retter.
Das Kind geht von einem zum anderen und schildert seine Notlage, z. B.:
Mein Fahrrad ist geklaut, kannst du mir helfen?
Das angesprochene Kind antwortet:
Nein, ich kann dir nicht helfen, ich bin doch der Doktor. Zum Doktor geht man, wenn man krank ist! usw. Das Kind in Not fragt so lange, bis es beim richtigen Helfer angekommen ist.

Wir helfen einander

Das ist besonders für jüngere Kinder ein Thema. Ältere wissen meist schon, dass man nicht alles allein schafft. Aber die jüngeren, die gerade erst entdecken, dass sie überhaupt etwas alleine können und auch das Wort „nein" regelrecht er-funden haben, tun sich in vielen Situationen schwer damit sich helfen zu lassen.
Kaum dass sie richtig sprechen können, ist „alleine", verbunden mit heftigen Abwehrreaktionen, ein Lieblingswort der Kinder. Natürlich ist das ein ganz wichtiger Prozess in der Entwicklung von Selbstbewusstsein. Die Kinder müssen ausprobieren, was sie schon alleine schaffen können. Wie sollten sie sonst herausfinden, wo sie Hilfe brauchen und wo nicht?
Die folgenden Spiele helfen zu unterscheiden, wann es angezeigt ist sich ganz schnell in die Obhut oder den Kreis einer Gruppe zu begeben oder sich um Hilfe an einen anderen zu wenden. Aber auch die Sensibilität dafür, dass jemand sich in einer Notlage befindet und ihm geholfen werden muss, soll geweckt bzw. geschult werden.

Geier und Henne

Alter: ab 5 Jahren
Anzahl: 6 Kinder und mehr
Materialien: keine

Ein Kind spielt den Geier, ein Kind die Henne und ein anderes den Bauern. Die übrigen Kinder werden zu Küken, fassen sich an den Hüften und stellen sich hinter der Henne in einer Reihe auf. Der Bauer sitzt in einiger Entfernung von den anderen auf dem Boden und stellt sich schlafend.
Während der Geier jeweils das letzte Küken der Reihe fangen (abschlagen) will, schützt die Henne ihre Küken, indem sie ihre Arme ausbreitet, hin und her läuft und so dem Geier den Weg versperrt.
Wenn sie fürchtet, es allein nicht mehr zu schaffen, beginnt sie dazu laut zu gackern und zu schreien, um den Geier zu vertreiben und den Bauern auf die Gefahr aufmerksam zu machen. ‚Erwacht' der Bauer durch den Hilferuf, kommt er dazu und vertreibt den Geier (ebenfalls durch Abschlagen).
Gelingt es der Henne alle Küken mit Hilfe des Bauern zu schützen?

Hinweis Die Kinder üben nicht nur um Hilfe zu bitten und selbst Hilfe zu geben, sie machen auch die Erfahrung, dass sie nicht allein sind, sondern zu zweit stark und sicher sein können.

Erlösen

Alter: ab 6 Jahren
Anzahl: 3 Kinder und mehr
Materialien: keine

Ein Kind wird durch Auszählen zum Fänger bestimmt. Alle Kinder laufen frei durch den Raum und versuchen dem Fänger zu entkommen.
Sobald der Fänger ein Kind berührt, muss dieses Kind wie versteinert stehen bleiben, bis es von einem anderen Kind erlöst wird. Das geschieht, indem das freie Kind den Versteinerten an einer vorher vereinbarten Körperstelle berührt oder dreimal um ihn herum hüpft. Es kann ihn auch an der Hand fassen und mitnehmen. Hier bringen die Kinder ihre eigenen Ideen ein, wie die Erlösung vor sich gehen soll.
Nach einiger Zeit wird ein neuer Fänger bestimmt.

Feuerhexe

Alter: ab 6 Jahren
Anzahl: 5 Kinder und mehr
Materialien: keine

Die Kinder gehen im Raum umher. Ein Kind spielt die Feuerhexe. Wenn sie ein anderes Kind mit ihrem Finger berührt, „verbrennt" dieses Kind sich, bleibt stehen und beginnt laut zu jammern und zu rufen.
Die anderen Kinder können ihm helfen, indem sie über die verbrannte Körperstelle pusten. Dabei dürfen sie selbst nicht verbrannt werden. Wer erlöst ist, darf weitergehen.
Eine Steigerung des Schwierigkeitsgrades ist möglich, wenn die Feuerhexe auch die helfenden Kinder verbrennen darf.

Hinweis Im Anschluss können Sie mit den Kindern darüber sprechen, ob sie schon einmal absichtlich von jemandem verletzt wurden. *Habt ihr selbst schon einmal jemandem absichtlich oder unabsichtlich Schmerz zugefügt? Es gibt auch seelische Schmerzen, wenn wir z. B. mit Worten verletzt werden.* Dies macht das folgende Spiel deutlich.

Wörter-Ohrfeigen

Alter: ab 5 Jahren
Anzahl: 5 Kinder und mehr
Materialien: keine

Wie beim vorigen Spiel gehen die Kinder durch den Raum. Ein „Grobian" flüstert seinen Opfern Schimpfworte ins Ohr. Die gekränkten Kinder bleiben stehen und lassen den Kopf hängen.
Die anderen Kinder helfen, indem sie die Opfer nach der Beleidigung fragen, sie zu trösten versuchen und ihnen etwas Nettes sagen. Fühlt sich das Opfer wieder besser, hebt es den Kopf und geht wieder los.
Während des Spiels wechseln sich die Kinder mit der Rolle des „Grobians" ab.

Hinweis Im Anschluss an das Spiel können Sie mit den Kindern darüber sprechen, wie sie sich als „Grobian", „Opfer" oder „Helfer" gefühlt haben. Welche Rolle war leichter zu spielen? Können sich die Kinder gegen seelische Verletzungen und Schimpfwörter schützen? Was können sie tun, damit sie sich wieder besser fühlen, wenn sie verletzt wurden?

Nichts ist unmöglich

Alter: ab 5 Jahren
Anzahl: 3 Kinder und mehr
Materialien: je nach Aufgabenstellung

Die Spielleitung stellt ein Kind vor eine schwierige, fast unlösbar erscheinende Aufgabe. Zum Beispiel:
Rück den Schrank ein Stück zur Seite. Trag den Tisch in das andere Zimmer. Schiebe mich in die andere Ecke des Raumes.
Das Kind darf es zunächst einmal allein versuchen und sich dann so viel Hilfe holen, wie es braucht, indem es andere Kinder um Unterstützung bittet.

Hinweis Hier wird den Kindern auf besonders eindrucksvolle Weise deutlich, um wie viel leichter schwierige Aufgaben gemeinsam gelöst werden können – wie viel stärker sie zu zweit oder mehreren sind.
Eine gute Gelegenheit darüber zu sprechen, dass sich Kinder in Situationen, in denen sie sich hilflos fühlen, Unterstützung holen können und sollen, um ein Problem zu bewältigen. Jeder ist manchmal auf die Hilfe anderer angewiesen! Wir können fragen: *In welcher Situation brauchst du manchmal Hilfe?*

Siamesische Zwillinge

Alter: ab 6 Jahren
Anzahl: 2 Kinder und mehr
Materialien: je nach Aufgabenstellung

Zwei Kinder finden sich zusammen und fassen sich um die Taille oder um die Schultern. Sie haben jetzt jeweils nur noch eine Hand frei. Gemeinsam sollen sie nun verschiedene Aufgaben bewältigen.
Einige Beispiele: Einen großen Korb tragen, eine Flasche auf- und zuschrauben, sich die Nase putzen, etwas in ein Glas füllen, klatschen, die Hände waschen, ein Buch halten und umblättern, eine Schleife binden...
Die Schwierigkeit der Aufgaben wird dem Alter der Kinder angepasst. Besonders lustig ist es, wenn sich die beiden Spielpartner bei der Lösung der Aufgabe nicht um die Taille, sondern an der Nase oder am Ohr fassen.

Blinde Schlange

Alter: ab 6 Jahren
Anzahl: 6 Kinder und mehr
Materialien: keine

Alle Kinder stellen sich in einer Reihe hintereinander auf. Das Kind, das vorne steht, ist der Kopf der Schlange und hat die Augen geöffnet. Die anderen Kinder hängen sich an, indem sie die Hände auf die Schultern des Kindes vor ihnen legen und schließen die Augen.
Die Schlange beginnt sich durch den Raum zu bewegen. Der „Schlangenkopf“ bestimmt die Richtung und alle anderen folgen ihm, ohne einander loszulassen.

Hinweis Es gehört schon etwas Mut dazu einem anderen „blind“ zu vertrauen. Gleichzeitig muss der „Kopf“ der Schlange aber auch bereit sein Verantwortung für alle zu übernehmen und seine Bewegungen entsprechend rücksichtsvoll ausführen.

Typisch Junge oder Mädchen? – Typisch Mann oder Frau?

Mit etwa drei Jahren ordnen Kinder sich bereits selbst ihrer Geschlechtsrolle zu, sie wissen, ob sie Junge oder Mädchen sind. Und schon sehr bald beginnt sich in ihnen eine Vorstellung zu bilden, wie typische Männer oder Frauen sein sollen. Es ist deshalb sinnvoll, mit Kindern darüber zu sprechen, was sie für typisch Junge oder Mädchen, Mann oder Frau halten – dazu gehört auch, über die typische Rollenverteilung zu sprechen und darüber, was anders sein könnte.

Wir sollten uns darüber im Klaren sein, dass unser eigenes Rollenverständnis tief in uns verwurzelt ist und durch unsere Erziehung und unsere Erfahrungen von frühester Kindheit an entstanden ist. Auch wenn wir uns bemühen unsere Vorstellungen kritisch zu hinterfragen, können wir nicht immer sicher sein, Rollenklischees zu vermeiden. Wir dürfen nicht außer Acht lassen, dass der Einfluss der Umgebung und anderer Bezugspersonen für Kinder eine wichtige Rolle spielt. Selbst dann, wenn Erwachsene aus dem Umfeld der Kinder nicht dem typischen Rollenklischee entsprechen und sich bemühen ein anderes Vorbild zu geben, werden auch entgegengesetzte Einflüsse wirken.

Wesentlich für das Rollenverständnis ist auch die unterschiedliche Entwicklung von Jungen und Mädchen: Mädchen entwickeln sich meist schneller. Dies scheint, ebenso wie geschlechtstypische Verhaltensweisen, Einfluss auf unser Erziehungsverhalten zu nehmen: Mädchen erscheinen uns häufig „vernünftiger“. Das verleitet dazu, sie früher dazu anzuhalten Verantwortung zu übernehmen.

Jungen versuchen manchmal den Entwicklungsvorsprung der Mädchen auszugleichen,

indem sie den „starken Mann“ spielen und Mädchen ärgern oder sich raufen. Später demonstrieren sie scheinbar ihre Stärke und Überlegenheit, indem sie mit Spielereien beginnen wie „Mädchen die Röcke hochheben“. Die Mädchen reagieren gekränkt, ihre Grenzen wurden überschritten, sie fühlen sich im wahrsten Sinne des Wortes bloß gestellt. Kommt es zu solchen Überschreitungen oder körperlicher Gewalt wie Kneifen, Haare ziehen usw., müssen sich die Mädchen wehren können. Raten Sie den Mädchen, in solchen Fällen durch Zusammenhalt Stärke zu zeigen. Sie könnten sich einen solchen Angreifer z. B. ruhig schnappen, ihn festhalten und fragen: „Warum machst du das? Hörst du freiwillig auf oder müssen wir erst böse werden?“
Allerdings dürfen wir auch nicht außer Acht lassen, dass diese Verhaltensweisen nicht immer nur der Demonstration von Stärke und Überlegenheit dienen. Jungen sind manchmal ungeübt darin, ihre Zuneigung zu einem Mädchen offen zu zeigen und ziehen sie statt dessen z. B. an den Haaren.

Die Kinder beeinflussen einander auch gegenseitig: Peter möchte z. B. den Tisch nicht abräumen, spülen oder abtrocknen, weil sein Freund Tim sagt, dass das nur Mädchen machen. Tina möchte nicht in der Bauecke spielen, weil dort nur Jungen sind. Manuel traut sich nicht, seinen Schulweg mit dem Nachbarsmädchen zu gehen, weil seine Freunde ihn auslachen, wenn er sich mit Mädchen abgibt...
Wir sollten uns bemühen, die individuellen Fähigkeiten der Kinder unabhängig von ihrem Geschlecht zu fördern und Alltagssituationen aufgreifen, um ihnen Alternativen zur typischen Rollenverteilung zu vermitteln. Wir müssen aber auch akzeptieren, wenn ein Mädchen, dem wir Bausteine und Spielzeugautos anbieten, trotzdem lieber mit Puppen spielt oder ein Junge den Spielzeugtraktor dem Puppenwagen vorzieht. Sie können Kindern Alternativen nur anbieten, welche Angebote sie letztlich annehmen, entscheiden sie ihren Bedürfnissen und Interessen entsprechend selbst.
Es gilt einen Mittelweg zu finden und Unterschiede zwischen den Geschlechtern, die es selbstverständlich gibt, ebenso zu akzeptieren wie individuelle Interessen und Fähigkeiten der Kinder zuzulassen, die unseren Vorstellungen nicht entsprechen. Ein Kind soll möglichst so sein dürfen, wie es sich fühlt, frei von Erwartungen, die festen Rollenvorstellungen entsprechen. Nur dann kann es zu einer selbstbewussten Persönlichkeit werden, die sich angenommen und in ihrem eigenen Selbst- und Rollenverständnis wohl fühlen kann.
Jungen sollen eine Chance haben zu sensiblen und gefühlvollen, starken Männern heran wachsen zu können. Mädchen können zu starken und selbstbewussten, gefühlvollen Frauen werden. Kinder sollen ihren eigenen, ganz persönlichen und für sie richtigen Weg herausfinden können.

Wer und wie bin ich?

Die Rote Zora

Die Rote Zora ist eine Kinderbuchfigur, die als Pendant zu Emil von „Emil und den Detektiven" gesehen werden kann. Sie hat eine Stadtkinderbande und löst mit Hilfe ihrer Freundinnen und Freunde knifflige Aufgaben. (s. Literaturhinweise)

Alter: ab Schulalter
Anzahl: möglichst eine größere, gemischtgeschlechtliche Gruppe
Materialien: Kreide, Zettel

Ein Mädchen spielt die „Rote Zora" und wählt ihre „Bande" aus, möglichst genau die Hälfte der Kindergruppe. Sie soll sowohl Mädchen als auch Jungen in ihre Bande aufnehmen.
Die andere Hälfte der Gruppe gibt den „Fall" vor, der gelöst werden muss: ein entführtes Kind befreien, einen Hund aus einer Notlage retten, einen verlorenen Gegenstand wieder finden etc.

Die Zora-Bande gibt der anderen Gruppe einen zeitlichen Vorsprung und Gelegenheit, Hinweise für die Bande auszulegen. Das können auf die Straße gemalte Pfeile oder Zeichen sein oder hinterlegte Zettel.
Die Zora-Bande muss nun den Aufenthaltsort des entführten Kindes, des Hundes oder des verlorenen Gegenstandes aufspüren. Sind die Hinweise nicht eindeutig bzw. kann sich die Bande nicht einigen, entscheidet die Rote Zora über das weitere Vorgehen.

Hinweis

- Beide Gruppen müssen von je einem Erwachsenen begleitet werden (Aufsichtspflicht!), der aber nicht in die Entscheidungen der Gruppen eingreifen sollte.
- Dieses Spiel sieht zwar auf den ersten Blick wie eine Schnitzeljagd aus, der Schwerpunkt liegt jedoch hier auf der Führungsrolle, die von einem Mädchen bekleidet wird. Gerne reißen sich Jungen solche Rollen unter den Nagel. Hier geht das von vorn herein nicht. Die Jungen müssen sich der „Roten Zora" unterordnen und ihrer Führung anvertrauen – gar nicht so einfach!

Marktplatz

Alter: ab 4 Jahren
Anzahl: 6 Kinder und mehr
Materialien: alle verfügbaren Spielsachen aus der Einrichtung oder dem Gruppenraum, 3 Tische, 3 Tücher, evtl. Körbchen verschiedener Größe oder Teller, Einkaufskörbchen.

Spielvorbereitung:
Die drei Tische sind in diesem Spiel Marktstände und werden entsprechend hergerichtet: mit einem Tuch bedeckt, mit „Waren" bestückt und schön dekoriert. Dabei kommen auf einen der Marktstände nur Spielsachen für Jungen (oder zumindest solche, die die Kinder dafür halten), auf einen anderen nur „Mädchen-Spielzeug" und auf den dritten „Spielzeug für Alle!". Je ein Kind gehört als Marktfrau oder Marktmann zu einem Stand.

Spielablauf:
Nun, wo alles so schön sortiert und ausgelegt ist, gehen die Kinder einkaufen. Dabei dürfen sie aber nicht nur sagen: *Das da will ich haben!*, sondern sie müssen begründen, warum sie gerade damit so besonders gut spielen können. Was, da will ein Junge ein Mädchen-Spielzeug?! Ja, darf der denn das haben? Er holt sich bei einem Mädchen einen „Mädchen-Spielzeug-Berechtigungsschein" und damit darf er sich sein erwünschtes Spielzeug holen.
Am Ende des Spiels werden die Einkaufskörbchen der Kinder begutachtet. Haben die Kinder sich vorwiegend an den Ständen bedient, die ihrem eigenen Geschlecht zugeordnet waren? Oder haben sie auch an den anderen Ständen „eingekauft"?
Wie viele Jungen oder Mädchen haben sich einen „Berechtigungsschein" geholt, um Spielzeug des anderen Geschlechtes „kaufen" zu können? Ist das denn überhaupt richtig, dass das so auseinander geteilt wird?

Die Prinzessin, die regieren wollte

(Figuren- oder Rollenspiel)

Alter: ab 5 Jahren
Anzahl: 1 Kind und mehr
Materialien: Handpuppen oder Verkleidungsutensilien

Die junge Prinzessin möchte unbedingt später einmal den Thron übernehmen, aber ihr Vater, der König, meint, dass das für ein Mädchen unmöglich ist. Sie denkt mit den Kindern darüber nach, wie sie ihrem Vater das Gegenteil beweisen kann.
Was muss ein Thronfolger alles können und wie kann sie das lernen? Sie befragt ihren Vater und erfährt, dass sie zum Regieren mutig und stark sein soll, dass sie weitsichtig und klug sein muss, um für ihre Untertanen sorgen zu können...
Gerade zu dieser Zeit wird das Land von einem großen bösen Löwen bedroht, den bisher noch keiner fangen oder gar besiegen konnte. Mit Unterstützung der Kinder gelingt es der Prinzessin ihm eine Falle zu stellen und den Löwen zu besiegen. Damit beweist sie ihrem Vater ihre Fähigkeiten doch einmal regieren zu können.
Weitere Spielszenen sind denkbar: Die Prinzessin möchte Feuerwehrfrau, Rennfahrerin, Automechanikerin... werden.

Ich werde Feuerwehrfrau

Alter: ab 5 Jahren
Anzahl: 2 Kinder und mehr
Materialien: Zeitschriften und Zeitungen, Papier, Klebstoff

Die Kinder suchen in den Zeitschriften Bilder verschiedener Berufsgruppen und schneiden sie aus, also etwa einen Koch oder eine Köchin, Feuerwehrleute, Polizist oder Polizistin, ErzieherIn, FotografIn, AutomechanikerIn, FriseurIn, Arzt – Ärztin, Krankenschwester – Krankenpfleger, LokomotivführerIn, RennfahrerIn... Sollten sie nicht genügend Bilder finden, können die Kinder selbst ein Bild malen, vielleicht unter dem Motto „Was ich einmal werden möchte".
Anschließend treffen sich alle im Kreis und sprechen über die verschiedenen Berufsgruppen. Üben diesen Beruf eher Männer oder eher Frauen aus? Warum? Welche Eigenschaften und Fähigkeiten braucht jemand, um diesen Beruf ausüben zu können? Wie kann ein Junge oder ein Mädchen diese Fähigkeiten erlangen?

Hinweis Den Kindern soll bewusst werden, dass die Fähigkeiten und nicht das Geschlecht entscheidend dafür sind, ob ein Beruf erfolgreich ausgeübt werden kann. Jeder kann seinen Beruf den eigenen Interessen und Fähigkeiten entsprechend wählen.

Vater, Mutter, Kind

Alter: ab 4 Jahren
Anzahl: 3 bis 4 Kinder oder mehr
Materialien: Verkleidungskiste

Eine Spielanleitung ist zu diesem Spiel nun wirklich nicht nötig. Es gehört zu den von allen Kindern aus eigenem Antrieb gespielten „Urspielen" der Menschheit.
Trotzdem habe ich es hier aufgenommen, um Sie dazu anzuregen, bei der Rollenverteilung Kinder zu ermutigen andere Schwerpunkte zu setzen.
Grundsätzlich finden sich heute so viele verschiedene Familienmodelle mit alleinerziehenden Elternteilen, mit Vätern, die die Rolle des Hausmanns übernehmen oder auch gleichgeschlechtlichen Elternpaaren, dass die Kinder vielleicht eigene Erfahrungen mit einbringen können und wollen im Hinblick auf Rollenverteilungen innerhalb der Familie. Wieso können denn nicht auch zwei Jungen oder zwei Mädchen die Elternrolle übernehmen?
Über Verkleidungen können die Kinder leicht in die verschiedenen (Geschlechter-) Rollen schlüpfen.

Zimtzicke/Heulsuse – Grobian/Blöder Bock

Stille Post

Alter: ab 6 Jahren
Anzahl: mind. 5 Kinder
Materialien: keine

Dieses Spiel kennen fast alle: Ein Kind flüstert dem nächsten in einer Reihe sitzenden Kind ein Wort ins Ohr. Das wiederum sagt es dem nächsten Kind weiter, bis das Wort am Ende der Kinderreihe angekommen ist. Das letzte Kind sagt es laut. Ist es noch dasselbe Wort wie am Anfang?
Wie viel mehr Spaß macht das aber, wenn sich die Kinder dabei Schimpfwörter für das andere Geschlecht ausdenken dürfen: „Zimtzicke" z. B. oder „Blöder Bock", „Heulsuse" oder „Grobian", „Dumme Kuh" oder „Alter Esel", „Pissnelke" oder „Stinkfisch". Startkind ist abwechselnd ein Junge oder ein Mädchen.

Variante: Die Kinder können sich auch so platzieren, dass rechts der Mitte nur Jungen und links davon nur Mädchen sitzen. Nun können sich die Parteien bei der Auswahl des nächsten Wortes beraten. Das Wort wird dann natürlich nur in der Mädchen- bzw. Jungenreihe weitergegeben.

Hinweis Stille Post zu spielen macht den Kindern ohnehin schon viel Spaß. Aber bei dieser Variante ergibt sich eine gute Gelegenheit mit den Kindern darüber zu sprechen, was die Schimpfworte bedeuten, wo sie herkommen könnten, wieso sie gerade für einen Jungen oder für ein Mädchen gebraucht werden, was wohl die armen Tiere damit zu tun haben und wie sie sich dabei fühlen, wenn jemand so etwas zu ihnen sagt.

Löwenzahn und Seidenpfote

Alter: ab 5 Jahren
Anzahl: mind. 4 Kinder
Materialien: Bilderbuch „Löwenzahn und Seidenpfote“ (Janosch), evtl. Schminke und Gummi-Tiernasen, Mauseöhrchen (aus Haarreifen gebastelt), Mauseschwänzchen (mit Sicherheitsnadeln festgemachte Schnüre)

Spielvorbereitung:
Vorlesen und gemeinsames Anschauen des Bilderbuches „Löwenzahn und Seidenpfote“.

Spielablauf:
Je zwei Kinder finden sich zu „Mäusegeschwistern“ zusammen. Das können Bruder und Schwester sein, zwei Brüder oder zwei Schwestern. Nun überlegen sie sich eine Situation, in der das schwächere Mäusekind in Not oder Bedrängnis gerät und von dem stärkeren Mäusekind gerettet oder beschützt wird.
Je ein Partner übernimmt die Rolle des oder der Starken, Helfenden, Beschützenden. Das andere Kind spielt die Rolle des Zaghaften, Ängstlichen, Vorsichtigen. Die Mäusekinder denken sich selbst Mäusenamen aus, mit denen sie während des Spiels angesprochen werden möchten. Die Mäusekinder spielen ihre Geschichte vor.

Hinweis Die vorausgestellte Geschichte von Janosch und das anschließende Rollenspiel bietet eine Menge Gesprächsmöglichkeiten über Rollenverständnis und Fähigkeiten, die den Rollen zugesprochen werden.
Was sagen die Kinder zu den Uminterpretationen in der Geschichte? Haben sie das in ihren eigenen Geschichten auch gemacht? Wie sind sie auf ihre Mäusenamen gekommen? Wollten sie damit bestimmte Fähigkeiten oder Eigenschaften zum Ausdruck bringen, die sie sich selbst zuordnen?

Das stimmt doch nicht

Alter: ab 6 Jahren
Anzahl: 6 Kinder und mehr
Materialien: je nach Aufgabenstellung

Mädchen und Jungen finden sich zu jeweils einer Gruppe zusammen. Jede Gruppe überlegt sich Aufgaben, von denen sie glaubt, dass das eigene Geschlecht sie viel besser lösen kann.
Nun treffen sich die beiden Gruppen wieder und teilen sich gegenseitig ihre Behauptungen mit. Zum Beispiel: Die Jungen können keine Decke weben. Die Mädchen können kein Boot aus Holzresten zusammenbauen. Die Jungen können keinen Kuchen backen. Die Mädchen können keinen Turm bis unter die Decke bauen. Die Mädchen können nicht auf einen Baum klettern. Die Jungen können nicht Seilhüpfen...
Beide Gruppen machen sich nun daran, das Gegenteil zu beweisen.

In schwierigen und gefährlichen Situationen kann ich handeln!

Kinder können mit Gefahren und Grenzüberschreitungen eher umgehen, wenn sie diese richtig einschätzen können.

Sie benötigen Verhaltensweisen und Handlungsstrategien und müssen sie verinnerlicht haben, um in schwierigen Situationen spontan darauf zurück greifen zu können.

Ich kann was tun – ich bin nicht allein

In der folgenden Spielsequenz „Was würdest du tun wenn..." wird es möglich mit Kindern über die verschiedensten Themen zu sprechen und Lösungsmöglichkeiten durchzuspielen. Weil jedes Kind beziehungsweise jede Gruppe ihre ganz eigenen Antworten vorspielt, lernen die Kinder ein breites Handlungsrepertoire und viele unterschiedliche Strategien kennen, möglicherweise auch neue Gefahrensituationen, von denen sie bisher noch nichts wussten. Aber das allein schadet nicht, wenn sich die Kinder darüber verständigen und sich nicht gegenseitig Angst zu machen versuchen.

Sie können dabei einen guten Einblick in ihre Wünsche und Träume und in ihre Gefühle bekommen und lernen sie besser kennen und verstehen. Die Kinder denken über die Fragen nach und versuchen Antworten und Problemlösungen zu finden. Sie können ihnen auf spielerische Weise Handlungsstrategien vermitteln, ohne dass diese belehrend wirken müssen.

Die Ergebnisse oder Erfahrungen aus diesem Spielkomplex können z. B. auch einen wichtigen Anlass für einen Elternabend geben zu dem Thema: Vereinbarungen für Notfälle!

Eltern müssen ihre Kinder auf ungeplante Situationen vorbereiten, indem sie z. B. bei einer vertrauenswürdigen Nachbarin einen Schlüssel hinterlegen oder mit dem Kind vereinbaren, an wen es sich wenden kann, wenn niemand zu Hause ist. Das kann ja immer mal passieren und sei es nur, weil der Vater beim Zahnarzt nicht rechtzeitig weggekommen ist...

Was würdest du tun, wenn...

Alter: ab 6 Jahren
Anzahl: 3 Kinder und mehr
Materialien: evtl. Verkleidungskiste

Ein Kind stellt eine „Was würdest du tun, wenn..."-Frage, die anderen Kinder besprechen in kleinen Gruppen, was sie tun könnten. Anschließend spielen sie ihre Antworten in einem kleinen Rollenspiel vor.

Beispielfragen für den Einstieg:
Was würdest du tun, wenn du ein Vogel wärst und fliegen könntest?
Was würdest du tun, wenn du stark wie ein Bär wärst?
Was würdest du tun, wenn du unsichtbar wärst?
Was würdest du tun, wenn du in einem Kaufhaus deine Mutter verlierst?
Was würdest du tun, wenn dir niemand etwas zu essen gäbe?
Was würdest du tun, wenn dich jemand ständig ärgern würde?

Die Fragestellung kann immer wieder unter ein anderes Motto gestellt werden.
Zum Beispiel: „Was heißt denn hier Sicherheit?“ oder „Ich habe Recht(e)!“
Die verschiedenen Antwortmöglichkeiten zeigen den Kindern zugleich, dass es für bestimmte Dinge auch immer unterschiedliche Sichtweisen gibt. Was Mama für Sicherheit hält, kann dem Kind völlig uneinsichtig sein. Die Einhaltung eines bestimmten Schulweges z. B., warum soll das wichtig und der Sicherheit dienlich sein? Ich kann doch auch auf jedem anderen Weg vorsichtig sein, oder? Aber wenn der Mama das wichtig ist, um mich vielleicht auf dem Weg finden zu können, den wir ausgemacht haben, dann ist das doch schon etwas anderes! Darauf kann ich mich doch einlassen! Kein Kind möchte, dass sich die Mama Sorgen macht. Was würdest du tun, wenn du von der Schule nach Hause kommen würdest und niemand da wäre?
Hier zeigt sich, wie wichtig Begründungen sind, damit sich Kinder an Vereinbarungen halten können, die ihrer Sicherheit dienen.

Thema Sicherheit

- Was würdest du tun, wenn du allein zu Hause bist und jemand anruft oder klingelt?
  (Nicht abnehmen? Nicht öffnen? Sich melden und erzählen, dass Mama erst später wieder kommt? Nicht sagen, dass niemand da ist, sondern nur, dass gerade keiner ans Telefon kann?...)
- Was würdest du tun, wenn bei euch ein Feuer ausbricht?
  (Die Lieblingsspielsachen zusammensuchen? Alles stehen und liegen lassen und davon laufen? Um Hilfe rufen? Das Feuer selbst löschen? Das Haus verlassen und vom Nachbarhaus aus die Feuerwehr rufen – welche Nummer muss ich wählen, was muss ich am Telefon sagen?...)

Thema Rechte:

Auch das Thema „Recht(e) haben“ verdeutlicht sehr schnell, wie wichtig für die freiwillige Einhaltung von Grenzen deren Begründungen sind. Viele Rechte dürfen nicht beschnitten werden. Dazu gehören die Grundrechte auf Essen, Schlafen, Spielen, die Toilette aufzusuchen, über seinen Körper selbst bestimmen, sich vor Gefahren schützen und das Recht, seine Rechte auch durchzusetzen:

- Was würdest du tun, wenn jemand dir wehtut?
  (Davonlaufen? Zurückschlagen? Den großen Bruder holen? Laut schreien?...)
- Was würdest du tun, wenn jemand dich berührt, wie du es nicht möchtest?
  (Laut „Nein!“ oder „Lass das!“ sagen? Auf die Finger klopfen? Es der Mama erzählen?...)
- Was würdest du tun, wenn dir niemand zu essen und zu trinken gibt?
  (Etwas klauen? Betteln? Sich selbst was kaufen?...)

Thema Gefühle

Wie würdest du dich fühlen, was würdest du tun, wenn

- dich jemand schlägt,
- jemand dir etwas schenkt, aber etwas dafür von dir erwartet
- dich niemand in den Arm nimmt, obwohl du traurig bist,
- jemand dir nicht zuhört
- jemand dir nicht glaubt
- jemand dich hänselt,
- dein Freund sein Pausenbrot mit dir teilt, weil du deines vergessen hast...?“

Aber auch, und das ist besonders wichtig:
Was würdest du tun, wenn du etwas tun sollst, wovon du niemandem etwas erzählen darfst?

Hinweis Dieser Spielekomplex ist sehr vielschichtig und variantenreich. Tatsächliche Situationen und Erlebnisse der Kinder aus ihrem Alltag werden aufgegriffen und spielerisch dargestellt.
Entweder hat „Moppel“ etwas erlebt und die Kinder sollen ihm ihre Lösungsvorschläge vorspielen, damit er sie sich besser vorstellen kann oder ein oder mehrere Kinder beschreiben oder spielen den anderen eine Situation vor, die sie so oder ähnlich erlebt haben.
Zum Beispiel: *Ich habe in einem Geschäft aus Versehen eine Flasche umgestoßen. Niemand hat mich gesehen, aber die Flasche ist kaputt.* Ein Kind spielt den Verkäufer, ein oder zwei Kinder spielen andere Kunden und ein anderes natürlich das Kind, dem die Flasche herunter gefallen ist.
Die Zuschauer rufen der Hauptfigur Vorschläge zu. Diese äußert sich dazu, wie sinnvoll sie die Lösung findet oder warum sie für sie selbst nicht in Frage kommt: *Das würde ich mich nie trauen! Ich hätte Angst, dass ich die Flasche bezahlen müsste! Dann könnte ich nicht schlafen, weil ich immer an die kaputte Flasche denken müsste...*

Keine miesen Tricks!

Indem Sie Alltagssituationen aufgreifen und durchspielen, damit Kinder sie im Spiel stellvertretend durchleben und Handlungsmöglichkeiten üben können, schulen Sie Stärke und Selbstbewusstsein der Kinder und ihre Fähigkeit zu unterscheiden, was sie sich gefallen lassen wollen und dürfen und was nicht. So können Sie viel zur Vorbeugung gegen Gewalt und Grenzüberschreitungen jeder Art beitragen.
Sie sollten es nicht versäumen, auch ganz konkret Tricks ins Spiel und damit ins Bewusstsein zu bringen, die andere manchmal einsetzen, um ihre persönlichen Grenzen zu überschreiten. Wenn Kinder diese Tricks kennen und durchschauen, fällt es ihnen leichter schnell und richtig zu reagieren! Zu diesen Tricks gehören beispielsweise Geschenke, die als Bestechung gemeint sind oder Erpressung. Einen guten Einstieg können wir durch das folgende Spiel finden.

Der Wolf im Schafspelz

Alter: ab 7 Jahren
Anzahl: 5 Kinder und mehr, Spielleitung
Materialien: evtl. Schaffelle oder weiße Tücher, weiße Handschuhe...

Alle Kinder werden zu Schafen und liegen schlafend, mit geschlossenen Augen am Boden. Die Spielleitung geht zwischen den Schafen umher und bestimmt durch Antippen eines zum ‚Wolf im Schafspelz'. Ein vorher vereinbartes Zeichen kündigt den Morgen an: alle Schafe erwachen. Der ‚Wolf im Schafspelz' begibt sich unerkannt mit ihnen auf die Weide. Erst nach einer Weile gibt er sich plötzlich zu erkennen, indem er ruft: *Ich bin der Wolf!* Er versucht möglichst viele Schafe abzuschlagen. Wer abgeschlagen wurde, scheidet aus.

Hinweis Im Anschluss an das Spiel sprechen Sie mit den Kindern darüber, wie sie sich als Wolf und als Schafe gefühlt haben. Warum ist es so schlimm, wie sich der Wolf verhält? Gibt es auch im Alltag Menschen, die sich wie der Wolf im Schafspelz verhalten – kennst du Menschen, die zuerst dein Vertrauen gewonnen haben und dich dann enttäuschten? Wie entsteht Vertrauen und welche Gefühle entstehen, wenn unser Vertrauen missbraucht und enttäuscht wird?

Moppel und der Fremde

(Figuren- oder Rollenspiel)

Alter: ab 4 Jahren
Anzahl: 1 Kind und mehr
Materialien: Handpuppen

Ein fremder Fuchs will Moppel vom Kindergarten abholen. Er behauptet, er komme von der Oma: Ihr sei die Suppe übergekocht, deshalb könne sie selbst nicht kommen und er solle Moppel nach Hause bringen. *Nun steig schon auf! Wolltest du nicht schon immer mal Motorrad fahren? Da vorne an der Ecke, da kauf ich dir noch ein Eis!*
Soll Moppel aufsteigen? Was meinen die Kinder? Was schlagen sie vor? Mitfahren und sich das Eis nicht entgehen lassen? Oma anrufen und fragen? Ablehnen und warten, bis die Oma selbst Zeit hat?

Hoppel will Moppels Bonbons

(Figuren- oder Rollenspiel)

Alter: ab 4 Jahren
Anzahl: 1 Kind und mehr
Materialien: Handpuppen

Hoppel und Moppel haben von Oma Bonbons bekommen. Hoppel hat schon alle aufgegessen und möchte Moppel noch welche abschwatzen. Er versucht es mit allen Mitteln: Wenn du mir deine Bonbons gibst, darfst du mein neues Buch anschauen. Dann zeige ich dir auch, wie man eine richtige Burg baut. Dann bekommst du morgen meinen Karotten-Nachtisch... Moppel möchte seine Bonbons auf keinen Fall hergeben. Was kann er tun?

Komm mal mit, ich zeig dir was

Alter: ab 4 Jahren
Anzahl: 2 Kinder und mehr
Materialien: evtl. Verkleidungskiste oder je nach Situationsbeispiel

Die Kinder teilen sich in zwei Gruppen. Die einen sind die „Neinsager", die anderen die „Überreder". Verschiedene Situationen können durchgespielt werden, bei denen die Kinder der einen Gruppe versuchen, die Kinder der anderen Gruppe zu etwas zu überreden, etwa ein Bonbon abzugeben, eine Kassette im Laden zu klauen, Geld herauszurücken, ein Spiel mitzuspielen, in das Auto (z. B. Bollerwagen oder Pappschachtel) einzusteigen.
Sie locken damit ein Freund zu sein, Gummibärchen mitzubringen, einen kleinen Hund zu zeigen und gar noch zu verschenken, eine neue Puppe zu bekommen...
Bei aller Begehrlichkeit, was fallen den Neinsagern für Abwehrstrategien ein?

Hinweis Thematische Anlässe können zunächst von der Spielleitung vorgeschlagen werden, später kommen sie von den Kindern selbst. So bringen sie auch die Dinge auf den Tisch, mit denen sie sich selbst für verführbar halten.

Sag's keinem weiter!

Kinder oder Erwachsene, die gegenüber schwächeren Kindern bewusst Grenzen überschreiten, wissen in der Regel, dass sie etwas tun, was verboten ist. Weil sie sich selbst natürlich vor Entdeckung und Strafe schützen wollen, versuchen sie ihr Tun unter dem Deckmantel der Heimlichkeit zu halten. Sie sind äußerst erfindungsreich um zu verhindern, dass ihre Opfer sich jemandem anvertrauen. Solche Geheimnisse führen dazu, dass sich die betroffenen Kinder traurig und allein fühlen.
Darum wollen wir vermitteln: Geheimnisse müssen nur gewahrt werden, wenn alle Betroffenen damit einverstanden sind. Kinder sollen den Unterschied zwischen ‚schönen' und ‚unangenehmen' Geheimnissen kennen lernen und damit die Qualitäten von Geheimnissen unterscheiden können. Sie müssen wissen, wann sie durch Machtmissbrauch gezwungen werden Dinge zu verheimlichen, die ihnen schaden.
Kinder fühlen sich sicherer, wenn sie wissen, was sie im Notfall tun können. Das gilt für alltägliche Situationen, etwa wenn sie sich verlaufen oder ein Feuer ausbricht ebenso wie für Situationen, in denen sie Gewalt und Grenzüberschreitungen ausgesetzt sind.
Lösungsstrategien und Handlungsmodelle können in den nachfolgenden Spielanregungen ausprobiert werden.
Wir wollen hier aber nicht nur die möglichen negativen Aspekte von Geheimnissen beachten. Geheimnisse gesagt zu bekommen ist nämlich auch ein enormer Vertrauensbeweis. Eine Freundin vertraut der anderen an, dass sie in Lars verliebt ist. Die Freundschaft aufs Spiel setzt, wer jetzt nicht „dichthalten" kann und dieses Geheimnis einer dritten verrät. Denn wenn man dem Freund seine innersten Gedanken und Gefühle offenbart, so möchte man in der Regel nicht, dass morgen alle darüber Bescheid wissen.
Wenn Sie mit den Kindern die verschiedenen Qualitäten von Geheimnissen besprochen haben, so könnten Sie die besondere Ecke in Ihrer Einrichtung, die als Kuschel- und Rückzugsecke ausgewiesen ist, mit der folgenden Anregung um eine weitere Attraktion ergänzen.

Zelt der Heimlichkeiten

Es gibt weder eine Altersbeschränkung noch besondere Materialien oder eine Spielbeschreibung.
Im ‚Zelt der Heimlichkeiten' können sich jederzeit sowohl einzelne Kinder verstecken, denen gerade danach ist nicht gesehen zu werden. Oder zwei Kinder können sich zurückziehen, um etwas zu besprechen oder zu tun, wovon die anderen nichts wissen sollen.
Wichtigste Grundregel: Im Zelt der Heimlichkeiten dürfen nur Dinge geschehen und gesagt werden, mit denen beide Kinder einverstanden sind.
Zweitwichtigste Grundregel: Niemand darf spitzeln, wenn zwei sich etwas Geheimes zu sagen haben!

Geheim – oder?
(Figuren- oder Rollenspiel)

Alter: ab 4 Jahren
Anzahl: 3 Kinder und mehr
Materialien: Handpuppe, Verkleidungskiste

Sie können mit Kindern Beispiele für verschiedene Geheimnisse finden und im Figuren- oder Rollenspiel durchspielen.

Beispiele für angenehme Geheimnisse:
- Moppel hat mit Hoppel ein Geburtstagsgeschenk für Oma vorbereitet. Beide verraten Oma nicht, was es ist...
- Wir machen einen Überraschungsbesuch oder organisieren eine Überraschungsparty für Arne. Erzählt ihm nicht, was wir planen und vorbereiten!...

Beispiele für unangenehme Geheimnisse:
- Moppel muss Hoppel jeden Tag ein Bonbon mitbringen, darf es aber keinem verraten...
- Peter sieht, wie Tina etwas kaputt macht. Er soll niemandem etwas sagen und nicht verraten wer es war. Susi wird an Tinas Stelle bestraft, obwohl sie nichts damit zu tun hatte...
- Ein Freund stiehlt und bittet dich niemandem davon zu erzählen, weil du sonst nicht mehr sein Freund wärest. Wenn du schweigst, gibt er dir etwas von den gestohlenen Sachen ab...

Impulsfragen: Wie entstehen überhaupt Geheimnisse und warum – um jemandem eine Freude zu machen? Um sich vor Strafe zu schützen?

Geheimpfade

Alter: ab 4 Jahren
Anzahl: 3 Kinder und mehr
Materialien: Stühle und Tische, 1 Kriechtunnel oder Bettbezug

Spielvorbereitung:
Ein Hindernisparcours aus Tischen und Stühlen wird aufgebaut. (Der Parcours sollte aus höchstens fünf Hindernissen bestehen, sonst wird das Spiel zu lang.)
Der Weg zum Ziel führt über die Hindernisse, d.h. die Kinder müssen die Hindernisse übersteigen. Müssen sie unter den Hindernissen durchkriechen, endet er in einer Sackgasse (in einem zugebundenen Kriechtunnel oder einem großen Bettbezug).

Spielablauf:
Jedes Kind denkt sich ein Geheimnis aus. Ein Kind beginnt und nennt sein Geheimnis den anderen. Die Kinder entscheiden, ob es sich um ein angenehmes, ein neutrales oder ein unangenehmes Geheimnis handelt und ob das Kind über ein Hindernis klettern darf und damit dem Ziel näher kommt oder ob es bei einem „negativen Geheimnis" unter dem Hindernis durchkriechen muss und damit der Sackgasse näher kommt.

Beispiel:

1. **Hindernis:** Ein Kind ruft: *Ich habe eine Schatzkiste versteckt!*
   Das Geheimnis ist neutral, weil sich dahinter ein angenehmes oder ein unangenehmes Geheimnis verbergen kann. Das Kind darf über das Hindernis.
2. **Hindernis:** Die Spielleitung erfragt genaueres über das Geheimnis.
   Die Antwort: *In der Kiste ist etwas, was keiner wissen darf!*
   Die Kinder beraten und entscheiden: Unten durch oder oben drüber?

3. **Hindernis:** *Warum hast du die Kiste versteckt?*
   Die Antwort: Damit sie mir keiner wegnehmen kann.
   Die Kinder beraten und entscheiden: Unten durch oder oben drüber?
4. **Hindernis** Die Spielleitung fragt: *Warum darf keiner wissen, was in der Schatzkiste ist?*
   Antwort: Weil ich etwas ganz besonderes damit vorhabe.
   Die Kinder beraten und entscheiden: Unten durch oder oben drüber?
5. **Hindernis:** Frage: Was ist in der Schatzkiste?
   Antwort: In der Schatzkiste ist ein Geburtstagsgeschenk für Mama.
   Das Kind darf über das letzte Hindernis und hat das Ziel erreicht.
   Antwort: Ein geklautes Taschenmesser
   Das Kind muss unter dem letzten Hindernis hindurchkriechen und landet in der Sackgasse.

Das nächste Kind ist an der Reihe...
Möglicherweise sitzen am Ende zwei oder drei Kinder in der Sackgasse. Wie können sie erlöst werden? Können sie sich selbst erlösen? Wenn z. B. etwas „Geklautes" zurückgegeben wird, ist das Kind frei.

Hinweis Hinterfragen Sie immer wieder die Entscheidungen der Kinder:
Wieso soll er/sie denn jetzt unten durch?
Seid ihr vielleicht nur neugierig?...
Warum musste er/sie unter einigen Hindernissen durchkriechen, obwohl das Geheimnis am Ende angenehm war?

Mit diesem Spiel fordern Sie die Kinder nicht nur zum Nachdenken darüber auf, was ein Geheimnis sein könnte. Sie fordern sie auch zu einer Wertung auf. Das heißt, sie müssen über die Qualität des Geheimnisses nachdenken und entscheiden, ob dieses Geheimnis weiterbringt oder in eine Sackgasse führt. Sie können und sollen sogar miteinander diskutieren: oben drüber oder unten durch?

Streng geheim

Alter: ab 5 Jahren, unter Aufsicht
Anzahl: 2 Kinder und mehr
Materialien: 1 Schreibfeder (ersatzweise 1 Streichholz oder Holzspan), Milch oder Zitronensaft, Papier

Die Schreibfeder wird in Milch oder Zitronensaft getaucht. Nun können damit geheime Botschaften auf ein Stück Papier geschrieben werden. Wenn die Botschaft trocken ist, erscheint sie völlig unsichtbar.
Der Empfänger der Botschaft braucht das Papier aber nur über eine Wärmequelle, z. B. über eine Kerze oder Herdplatte zu halten oder mit geringer Temperatur darüber zu bügeln und schon verfärbt sich die Nachricht bräunlich und wird wieder lesbar.
Achtung – Feuergefahr! Ein Erwachsener, der selbstverständlich nicht spitzelt, und Wasser sollten auf jeden Fall in der Nähe sein.

Zeichensprache

Manchmal gibt es einfach keine Gelegenheit, einem Freund etwas direkt zu sagen, ohne dass jemand mithören kann. Wie können sich die Kinder miteinander verständigen, ohne dass ein anderer sie versteht?

Alter: ab 6 Jahren
Anzahl: 2 Kinder und mehr
Materialien: keine

Freunde können miteinander eine Zeichensprache vereinbaren: Eine bestimmte Fingerstellung, Handzeichen oder gar Fußzeichen können eine gewisse Bedeutung haben.
Welche Ideen haben die Kinder?
Wann funktioniert eine Zeichensprache – wann nicht? Ausprobieren!
Zwei Kinder erfinden eine Situation, in der sie sich einer geheimen Sprache bedienen möchten. Sie entwickeln eine Zeichensprache und wenden sie an, während die anderen zusehen. Die anderen versuchen zu entschlüsseln, was da gesagt wird.

Geheimsprache

Alter: ab 6 Jahren
Anzahl: 2 Kinder und mehr
Materialien: keine

Wer sich mit einem Freund verständigen mag, ohne dass ein Außenstehender etwas versteht, kann eine einfache Geheimsprache benutzen: Jüngere Kinder beginnen damit, eine kleine Anzahl von Wörtern durch andere Wörter zu ersetzen, z. B. wird aus „Mama" „Amam", aus „komm" „mok" usw. Je mehr Übung die Kinder bekommen, desto mehr Wörter können sie durch andere Wörter ersetzen.
Ältere Kinder können sich schon an kompliziertere Geheimsprachen wagen, z. B. an die „B-Sprache": Sie orientieren sich dabei an der Lautsprache. Nach jedem Vokal wird ein B eingefügt und der betreffende Vokal wird noch mal wiederholt.
Das Sprechen der „B-Sprache" bedarf einiger Übung, aber Nichteingeweihte können sie bestimmt nicht verstehen! „Wir treffen uns später" klingt z. B. so: „Wibir trebeffeben ubuns späbäteber".
Variante: Anstatt ‚B' kann natürlich auch ein anderer Konsonant eingesetzt werden.

Verschlüsselte Botschaften

Alter: ab 8 Jahren
Anzahl: 2 Kinder und mehr
Materialien: Stifte und Papier

Das Alphabet wird aufgeschrieben und jedem einzelnen Buchstaben ein anderer Buchstabe zugeordnet. Das kann so aussehen:

A	B	**G**	H	**M**	N	**S**	T	**Y**	Z
B	C	**H**	I	**N**	O	**T**	U	**Z**	A
C	D	**I**	J	**O**	P	**U**	V		
D	E	**J**	K	**P**	Q	**V**	W		
E	F	**K**	L	**Q**	R	**W**	X		
F	G	**L**	M	**R**	S	**X**	Y		

Anstatt ‚B' wird also ‚C', anstatt ‚E' wird ‚F' geschrieben usw. Aus der Nachricht: „Peter kommt nicht" wird „Qfufs lpnnu ojdiu". Jedes Kind, das im Besitz des Kodes ist, kann die geheimen Nachrichten entschlüsseln.
Variante: Wer mag, kann anstatt der Buchstaben auch Zahlen zuordnen: Aus A wird 2, aus B wird 3...

Sag's nicht weiter!

Alter: ab 5 Jahren
Anzahl: 5 Kinder und mehr
Materialien: keine

Die Kinder sitzen im Kreis. Ein Kind beginnt und flüstert seinem Nachbarn etwas ins Ohr. Dieser soll diese Nachricht an seinen nächsten Nachbarn weitergeben und so weiter.

Wenn das Geheimnis beim letzten Kind, dem „Nachrichtenempfänger" angekommen ist, darf dieses entscheiden:

- Die Nachricht ist nicht geheim. Es verkündet laut, worum es sich gehandelt hat. Das Kind, das die Nachricht weitergegeben hat, erklärt nun, ob das in Ordnung war, oder ob die Nachricht ein Geheimnis war und warum.
- Die Nachricht ist ein Geheimnis. Als „Geheimnis-Empfänger" fragt es den „Geheimnis-Mitteiler": *Darf ich das Geheimnis laut sagen?* Nur wenn der Geheimnis-Mitteiler seine Zustimmung gibt, darf dann das Geheimnis laut verkündet werden.

Bei diesem Spiel darf und soll nachgefragt werden, wenn ein Kind die geflüsterte Nachricht nicht richtig verstanden hat, damit die Nachricht auch wirklich richtig beim letzten Kind ankommt.

Im Spiel wird deutlich: Ein Geheimnis bleibt nur, was auch geheim bleibt. Was laut gesagt wird, ist kein Geheimnis mehr.

Das wird bei der folgenden Variante noch deutlicher:

Variante: Wenn der Geheimnis-Mitteiler das Lautsagen verweigert, wird ein anderes Kind zum „Verräter" und posaunt das Geheimnis laut aus. Dafür muss/darf es im nächsten Durchgang in die Position des Geheimnis-Mitteilers wechseln und seinerseits erfahren, wie die anderen mit seiner Nachricht umgehen.

Hinweis Ins Ohr flüstern hat immer etwas Geheimnisvolles und hat mit Vertraulichkeit zu tun. Kindern macht diese Art von Geheimnissen Spaß. Im Anschluss können Sie mit den Kindern über Geheimnisse sprechen:

Sind es noch Geheimnisse, wenn sie weitergegeben werden? Gibt es Geheimnisse, die ihr nicht bewahren möchtet? Habt ihr schon einmal ein Geheimnis ausgeplaudert?

Geheimnisse und Überraschungen

Alter: ab 5 Jahren
Anzahl: 5 Kinder und mehr, Spielleitung
Materialien: Straßenkreiden oder rote und grüne Tücher oder Decken

Spielvorbereitung:

Zwei Spielfelder nebeneinander werden markiert: Ein rotes Feld für gefährliche und unangenehme Geheimnisse und ein grünes Feld für Überraschungen und angenehme Geheimnisse.

Falls Sie keine Straßenkreiden oder Decken zur Hand haben, können Sie die Felder auch mit einer Schnur oder einem Seil abgrenzen und als Erinnerungshilfe einen roten und grünen Gegenstand in die Felder legen.

Spielablauf:

Die Kinder stellen sich zwischen den beiden Spielfeldern auf. Die Spielleitung beschreibt verschiedene Situationen, in denen es um Geheimnisse geht.

Wenn die Kinder meinen, dass es sich um ein angenehmes Geheimnis handelt, springen sie in das grüne Feld. Glauben sie, dass es ein unangenehmes Geheimnis ist, springen sie in das rote Feld.

Einige Beispiele:

- Du malst ein Bild für Mama. Es soll ein Geschenk zum Muttertag werden. Du erzählst niemandem davon.
- Ein Kind möchte jeden Tag von dir eine Süßigkeit haben. Falls du jemandem davon erzählst, kriegst du Schläge. Du hast Angst vor diesem Kind.
- Du sitzt mit Papa zusammen und ihr überlegt, was ihr Mama zum Geburtstag schenken könnt. Als sie kommt und wissen möchte, was ihr zu tuscheln habt, sagt ihr: „Das ist ein Geheimnis!"
- Dein Freund übernachtet bei dir. Er findet eure Toilette nicht rechtzeitig und macht in die Hose. Er schämt sich sehr und möchte, dass du mit niemandem darüber sprichst.

Hinweis Wenn Sie mit den Kindern über ihre Entscheidungen sprechen, bietet sich eine gute Gelegenheit, über ihre eigenen Erfahrungen und die damit verbundenen Gefühle zu sprechen. Nicht selten springen Kinder zunächst einmal, ohne lange zu überlegen, auf eine Seite, weil ihr Freund auch auf diese Seite gesprungen ist.
Geben Sie ihnen die Gelegenheit, ihre Entscheidung zu überdenken und, wenn sie möchten, auch zu begründen. Manchmal ändern Kinder während eines Gespräches ihre Meinung, selbstverständlich dürfen sie dann ihre Position noch verändern.
Sie können auch darüber sprechen, dass sich Kinder manchmal nicht trauen, ein Geheimnis weiterzusagen, weil sie kein Verräter und keine Petze sein möchten – wann sollten sie trotzdem über ein Geheimnis sprechen, das ungute Gefühle in ihnen auslöst?

Vertrauen gegen Vertrauen

Den Kindern muss der Unterschied zwischen angenehmen und unangenehmen Geheimnissen bereits klar sein und sie sollten auch ihre Rechte, sich selbst zu schützen, schon kennen. Jetzt können sie sich überlegen, wem sie ein Geheimnis anvertrauen würden, das ihnen ein schlechtes Gefühl macht oder ihnen unheimlich ist. Hier können sie die gemalten und im Raum verteilten Berufs- oder Personenbilder (S. 86) wieder aufgreifen, an die man sich wenden könnte, wenn man sich verlaufen, verletzt hat usw.

Alter: ab 8 Jahren
Anzahl: 3 Kinder und mehr
Materialien: Papier und Stifte, Bilder von Vertrauenspersonen (S. 86)

Die Kinder bewegen sich durch den Raum. Eines ruft den anderen z. B. zu: *Tobias will Sarahs Schulbrot klauen!* Die Kinder müssen sich schnell eine Vertrauensperson auf den Bildern suchen und sich dazu stellen. Es können auch mehrere Kinder die gleiche Person wählen. Die Entscheidung muss der genannten Situation angemessen sein.
Hinterfragen Sie die Entscheidungen der Kinder: *Wie soll denn der Feuerwehrmann Sarah helfen können?* Antwort: „Schulterzucken" oder *Der Feuerwehrmann soll Tobias nass spritzen!*
Wenn das Kind seine Wahl plausibel begründen kann, spielt es weiter. Wenn es niemanden gefunden hat, ist die erwünschte Vertrauensperson vielleicht nicht mit dabei. Dann kann das Kind sich zurückziehen, die Person malen und zu den anderen hinzufügen. Danach spielt es weiter. Durch die Begründung, warum es gerade diese Vertrauensperson gewählt hat, ergibt sich das Gespräch von selbst.
Variante: Die Kinder malen sich einen „Schutzengel". Wie müsste der sein und was sollte er können?

Impulsfragen für weiterführende Gespräche:

Wie muss jemand sein, dem du vertraust? Welche Eigenschaften haben vertrauenswürdige Personen? Welche Eigenschaften und Verhaltensweisen von Menschen führen dazu, dass du ihnen lieber nichts anvertrauen möchtest? Bist du selbst jemand, dem andere vertrauen, auf den sich andere verlassen können?

Hinweis Hier geht es vor allem darum, dass Kinder sich darüber klar werden, wem sie vertrauen. Wenn sie im Notfall Personen im Hinterkopf haben, die ihnen vertrauenswürdig erscheinen, können sie schneller handeln.
Sie können den Kindern vermitteln, dass es die Möglichkeit gibt, sich in schwierigen Situationen nicht nur bekannten, sondern auch fremden Personen anzuvertrauen, etwa einem Arzt, Pfarrer oder einem „Kinder-Nottelefon", es gibt z. B. die „Nummer gegen Kummer" (s. Anhang) mittlerweile in fast jeder größeren Stadt und sollte den Kindern bekannt sein. Sie sollen wissen, dass diese einer Schweigepflicht unterliegen. Das kann für Kinder sehr hilfreich sein, die sich fürchten ihr Geheimnis preiszugeben.

Aber auch der umgekehrte Fall sollte angesprochen werden. Vertrauen ist ja nicht nur etwas, was die Kinder anderen Personen entgegenbringen. Auch von ihnen selbst wird schon mal erwartet, dass andere ihnen vertrauen können. Das heißt, sie müssen auch lernen für das, was sie selbst tun (oder auch nicht), Verantwortung zu übernehmen.
Um den Kindern das zu verdeutlichen, können Sie das Figurenspiel „Moppel als Babysitter" (S. 43) noch einmal aufgreifen und einen anderen Schwerpunkt setzen:
Während Moppel auf das Baby aufpasst, läuft ein ganz spannender Film im Fernsehen und Moppel merkt gar nicht, dass sich das Baby den Fuß eingeklemmt hat. Er wird erst wieder aufmerksam, als das Baby zu schreien beginnt...
Oder Moppel führt den Hund der Nachbarin aus. Auf dem Spielplatz trifft er Hoppel, der gerade eine Supersandburg baut. Moppel baut mit. Plötzlich ist der Hund verschwunden...

Nachwort

Starke Kinder können sich wehren!

Wenn wir für Kinder Verantwortung tragen und täglich die Nachrichten hören oder lesen, dann kann es uns manchmal ganz schön mulmig werden. Es kommt uns so vor, als hätte es noch nie so viele gewalttätige Übergriffe gegen Kinder gegeben wie heute. Am liebsten würden wir sie ohne Begleitung gar nicht mehr nach draußen lassen.

Zunächst einmal, und nicht nur zur Beruhigung gesagt, zeigt uns die Statistik, dass das so nicht ganz richtig ist. Durch die Präsenz der Medien und die Geschwindigkeit der Nachrichtenübermittlung erfahren wir heute nur in Windeseile von jeder Gewalttat, die öffentlich wird und sei sie im hintersten Winkel unseres Erdenballs geschehen.

Richtig ist jedoch, dass wir diesen Gewalttätigkeiten zunehmend sprachlos gegenüber stehen. Sie wachsen uns über den Kopf. Wir wissen nicht, wie wir ihnen begegnen sollen. Und wenn wir das schon nicht wissen, wie sollten es die Kinder?

Erinnern wir uns an das im Vorwort gewählte Beispiel: Lukas und Lars, die sich wegen Sandspielzeug in die Wolle geraten. Zwei Hauptgründe für Konflikte lassen sich ausmachen: Der eine besteht in der Sprachlosigkeit. Diese beiden Kinder wissen noch nicht, dass sie sehr gut zusammen spielen könnten und dabei die Bedürfnisse beider erfüllt und ihre Grenzansprüche gewahrt wären. Der andere Grund liegt in einem zunehmenden Verlust an Möglichkeiten soziale Erfahrungen mit anderen machen zu können. Einzelkindern gehört alles allein, sie müssen nicht teilen. Spiele vermitteln oft keine konkreten Erfahrungen mehr, sondern nur noch mediale. Und wer sich nicht auskennt, wird unsicher und macht Fehler.

Nicht selten sehen gewaltbereite Menschen kaum über sich selbst hinaus. Es mangelt ihnen an Einfühlungsvermögen und sozialem Bewusstsein. Sie haben weder gelernt ihre eigenen Gefühle zu erkennen und mitzuteilen noch die Gefühle anderer wahrzunehmen. Sie sind sich keinerlei Verantwortung bewusst, weil sie nie verstanden, vielleicht auch nie erfahren haben, dass die persönliche Freiheit dort endet, wo die des anderen beginnt. Viele Menschen, die zu Gewalt neigen, leiden unter einem starken Minderwertigkeitsgefühl und versuchen ihr Gefühl von Wertlosigkeit und Schwäche zu kompensieren, indem sie sich Schwächere gefügig machen und sie unterwerfen. Sie sind unreife Persönlichkeiten.

Wenn wir Kinder gegen Übergriffe und Grenz verletzungen wappnen wollen, dann müssen wir verstehen, wie diese Mechanismen funktionieren und wie sie ihnen begegnen können. Weil Kinder in schwierigen Situationen meist auf sich selbst angewiesen sind, sollten wir alles tun, damit sie fähig werden, sich selbst zu schützen und sich gegen Übergriffe zu wehren. Zum einen müssen wir unsere Kinder im wörtlichen und übertragenen Sinn stark machen – stark genug, um ihren eigenen Gefühlen und Empfindungen zu vertrauen, stark genug, um ihre eigenen Rechte und Bedürfnisse zu kennen und einzufordern, stark genug, um sich zu wehren und zu verteidigen, stark genug, um „nein“ sagen zu können, stark genug, um Hilfe zu holen und anzunehmen. Hierfür sollen die Spielvorschläge in diesem Buch eine Hilfe sein und Anregungen geben.

Zum anderen müssen wir Kinder aber auch über die unterschiedlichsten Gefahren wie physische und psychische Gewalt, Suchtgefahren, Gruppenzwang, sexuellen Missbrauch usw. aufklären und informieren, ohne ihnen jedoch unnötig Angst zu machen.
Stärken wir das Selbstwertgefühl des Kindes, indem wir es unsere Liebe und Zuneigung spüren lassen, wenn wir uns ihm zuwenden, uns mit ihm beschäftigen, spielen, sprechen, auch körperliche Nähe spüren lassen durch Kuscheln, Schmusen, Toben und Balgen...
Kinder, die wenig Beachtung und Zuwendung auch körperlicher Art erhalten, entziehen sich

Unterdrückungssituationen, Gewalt und Missbrauch häufig nur deshalb nicht, weil sie diese Art der – wenn auch negativen – Zuwendung nicht auch noch verlieren möchten. Selbst der Hund, der getreten wird, liebt noch seinen Herrn. So mag es zu verstehen sein, dass gerade in Familien, die wenig oder gar keine sozialen Kontakte außerhalb der Familie pflegen, wo die soziale Kompetenz fehlt, Gewalt an und unter Kindern und sexueller Missbrauch von Kindern sehr viel wahrscheinlicher wird.

Beachtung und Zuwendung auch von Personen außerhalb der eigenen Familie sind für Kinder sehr wichtig! Kinder benötigen für ihre gesunde Entwicklung Freunde und Bezugspersonen. Hierzu gehört die Möglichkeit Freundschaften unter Gleichaltrigen, Nachbarskindern, Schul- und Kindergartenbekanntschaften aufzubauen und zu vertiefen ebenso wie die Möglichkeit sich Sportvereinen, Musikgruppen, Naturschutzgruppen, kirchlichen Kinder- und Jugendgruppen und dergleichen anzuschließen.

Kinder haben auf diese Weise Gelegenheit, die Werte und Normen innerhalb der Familie zu hinterfragen und sich auch an anderen Kindern und Erwachsenen zu orientieren. Sie sind in ein Geflecht sozialer und emotionaler Beziehungen eingebunden, das zu einer Stabilität und Sicherheit führt, welche die Gefahr ungünstiger Einflüsse deutlich verringert.

Als MitarbeiterInnen sozialer Einrichtungen, Kindergärten, Horte, Kinder- und Jugendgruppen haben Sie durchaus die Möglichkeit soziale Begegnungsräume zu schaffen bzw. zu initiieren. Eine sehr gute Möglichkeit in der Missbrauchsprävention ist die Organisation von „Familientreffen" – eine Art von Familienzusammenführung: Zwei Familien treffen sich zur gemeinsamen Freizeitgestaltung. Man beschnuppert sich, vergleicht Verhaltensmuster, auch die eigenen, reißt sich zusammen, wenn man sonst vielleicht zur Unbeherrschtheit neigt und bietet nicht nur den Kindern Kontakt und Vergleichsmöglichkeiten, sondern auch den Erwachsenen Auswege aus innerfamiliärer Isolation. Darin besteht manchmal ein schwerwiegender Grund für emotionalen Missbrauch in der Familie, der so erschreckend häufig und so schwer abzuwehren ist. Missbrauch beginnt ja nicht erst da, wo Erwachsene gegen Kinder handgreiflich werden. Wie viele Mütter setzen Kinder unter Druck, indem sie sich beispielsweise krank stellen, wenn Kinder ihren Forderungen nicht nachkommen? Mit dieser Art von Familienzusammenführung wurden in jüngster Zeit äußerst positive Erfahrungen mit Konfliktfamilien gemacht, in denen die sozialen und emotionalen Kontakte nicht mehr stimmig sind. Sie können sich problemlos dieses Mittels bedienen und damit eine Menge für Familien in schwierigen Lebenslagen und festgefahrenen Beziehungsmustern tun.

Vor diesem Hintergrund wird deutlich, in wieweit dieses Programm zur Stärkung und Ermutigung von Kindern Grenzen zu setzen und zu achten auch in der Prävention von Missbrauch jeglicher Art hilft. Kinder werden täglich mit unzähligen Gefahren konfrontiert: Gewalttätige Attacken, Drogen und Sucht und nicht zuletzt sexueller Missbrauch gehören dazu. Kinder mit einer guten Wahrnehmungsfähigkeit und einem starken Selbstbewusstsein werden eher in der Lage sein, auch hier Grenzüberschreitungen zu erkennen und Grenzen zu setzen. Sie werden diesen Gefahren weniger ohnmächtig ausgeliefert sein, weil sie sie nicht nur erkennen, sondern sich auch zur Wehr setzen können.

In diesem Sinne wünsche ich Ihnen, dass es Ihnen gelingt, das Selbstvertrauen, das Selbstwertgefühl und das Durchsetzungsvermögen der Ihnen anvertrauten Kinder zu fördern und zu stärken und andererseits auch mit Eltern konstruktiv zu diskutieren und das Problembewusstsein für diesen Themenkreis zu erweitern!

Anhang

Register

Literaturempfehlungen

Bücher und Musik, die Kindern weiterhelfen

- „Gefühle sind wie Farben", Aliki, Beltz Verlag. Hinweis: In komikähnlicher Form werden hier unterschiedlichste Gefühle dargestellt. Die kurzen, aber anschaulichen und ausdrucksvollen Texte regen dazu an, über das Thema Gefühle zu sprechen.
- „Das große und das kleine NEIN", Gisela Braun und Dorothee Wolters, Verlag an der Ruhr
- „Mein Körper gehört mir!" Ein Aufklärungsbuch der PRO FAMILIA Darmstadt, Loewe Verlag
- „Kein Küsschen auf Kommando" und „Kein Anfassen auf Kommando", Marion Mebes. Zu beziehen über: Donna Vita, Ruhnmark 11, 24975 Maasbüll b. Flensburg
- „Melanie und Tante Knuddel", Gisela Braun und Dorothee Wolters, Verlag an der Ruhr
- „Heimlich ist mir unheimlich", Oralee Wachter, Donna Vita
- „Mädchen und Jungen – aufgepasst: Tipps für Kids". Zu beziehen bei: Zartbitter Köln e.V., Sachsenring 2–4, 50677 Köln
- „Ich weiß Bescheid. Sexuelle Gewalt: Rechtsratgeber für Mädchen und Jungen". Fastie Friesa, Wildwasser Berlin e.V., Arbeitsgemeinschaft gegen sexuellen Missbrauch an Mädchen. Donna Vita, 1997
- „Kein Kuss für Mutter", Tomi Ungerer, Diogenes Verlag, ISBN: 3257005636 oder als Taschenbuch ISBN: 3257250185
- „KatzenTatzenTanz", Helme Heine, Verlag Gertraud Middelhauve
- „Löwenzahn und Seidenpfote", Janosch, Verlag Beltz u. Gelberg, ISBN 340 778 2179
- „Komm, wir finden einen Schatz!" Janosch, Verlag Beltz u. Gelberg, ISBN 340 780 5551
- „Das Auto von Lucia" , Gerhard Schöne, Petra Wiegand, Liederbuch im Patmos-Verlag, ISBN 349 137 3373
- „Anne Kaffeekanne", Frederik Vahle, Dietlind Grabe, Pläne-Verlag, MC 8388
- „Die rote Zora", Kurt Held, Verlag Sauerländer, ISBN 379 410 1227 (ab 12 J.)

Anlaufstelle für Kinder

- Die **Nummer gegen Kummer**, kostenlos von Montag bis Freitag zwischen 15.00 und 19.00 Uhr: **0800/1110333**

Wichtiges Infomaterial

- Die Rechte der Kinder von logo einfach erklärt, zu beziehen über das Bundesministerium für Familie, Senioren, Frauen und Jugend, 11018 Berlin. Sehr empfehlenswert und auch für Erwachsene interessant!
- „Meine Rechte", zu beziehen über den Deutschen Kinderschutzbund, Bundesverband e.V. Schiffgraben 29, 30159 Hannover, Tel.: 0511/30485-0.

- Drei ebenfalls sehr empfehlenswerte Broschüren: Teil 1 für Kinder von 5 bis 8, Teil 2 für Schulkinder von 9 bis 12 und Teil 3 für Jugendliche von 13 bis 18 Jahren. Beide Broschüren und weiteres Infomaterial kann auch über das Deutsche Kinderhilfswerk e.V., Rungestr. 20, 10179 Berlin bezogen werden, Tel.: 030/3086930.
- „Gegen sexuellen Missbrauch an Mädchen und Jungen. Ein Ratgeber für Mütter und Väter."
  Diese Informationsbroschüre, die sowohl für Eltern als auch für Erzieher wichtige Informationen zum Einstieg in das Thema sexuellen Missbrauch bietet, ist gegen Einsendung von DM 3,– in Briefmarken zu bestellen bei: AJS, Landesstelle NRW e.V., Poststr. 15–23, 50676 Köln.
- „Sexueller Missbrauch" Forum Sexualaufklärung, Nr. 1/2 1997.
  Bezugsadresse: Redaktion FORUM Sexualaufklärung, Heike Lauer, Sachsenhäuser Landwehrweg 147, 60599 Frankfurt, Tel./Fax: 069/682036.

Bücher für Erwachsene

- „Lieben, kuscheln, schmusen: Hilfen für den Umgang mit kindlicher Sexualität"; Lothar Kleinschmidt, Beate Martin, Andreas Seibel; (Pro Familia NRW), Ökotopia-Verlag
- „Familienkonferenz 1 und 2", Thomas Gordon, Heyne Verlag
- „Momo, Pippi, Rote Zora... was kommt dann? Leseerziehung, weibliche Autorität und Geschlechterdemokratie",
  Dorothee Markert, Verlag U. Helmer,
  ISBN 392 716 4674
- Familie und Aggression, David Mark Mantell, Fischer Verlag, ISBN: 3100471016

Die Autorin

Johanna Friedl
Ausbildung als Erzieherin in einer Einrichtung für geistig Behinderte, Tätigkeit im Kindergarten und als Leiterin von Eltern-Kind-Gruppen. Sie gibt Elternkurse zu Kleinkind- und Vorschulthemen und hat regelmäßig Beiträge für „Spielen und Lernen" geschrieben. Sie ist Autorin verschiedener Elternratgeber und spielpädagogischer Anleitungsbücher.

Der Fachverlag für gruppen- und spielpädagogische Materialien

Kooperative Spiele, Spiele in Gruppen, Lernspiele, Bewegungsspiele, Brettspiele

Ökotopia Verlag und Versand

Fordern Sie unser kostenloses Programm an:

Ökotopia Verlag
Hafenweg 26a · D-48155 Münster
Tel.: (02 51) 48 19 80 · Fax: 4 81 98 29
E-Mail: info@oekotopia-verlag.de

Besuchen Sie unsere Homepage! Genießen Sie dort unsere Hörproben!

http://www.oekotopia-verlag.de und www.weltmusik-fuer-kinder.de

Gertraud Mayrhofer
Kinder tanzen aus der Reihe
Von Herbstdüften, Frühlingsklängen und Sommerträumen – ein Jahr voller Begegnungen, Berührungen, Bewegung und Tanz
ISBN (Buch inkl. CD): 978-3-936286-45-8

Barbara Huber, Heidi Nicolai
Toben, Raufen, Kräfte messen
Ideen, Konzepte und viele Spiele zum Umgang mit Aggressionen
ISBN: 978-3-931902-41-4

Johanna Friedl
Das Ballspiele-Buch
Rollen, werfen, fangen, zielen - Ballspiele mit Kindern für alle Gelegenheiten
ISBN: 978-3-936286-63-2

Wolfgang Hering
AQUAKA DELLA OMA
88 alte und neue Klatsch- und Klanggeschichten mit Musik und vielen Spielideen
ISBN (Buch): 978-3-931902-30-8
ISBN (CD): 978-3-931902-31-5

Volker Friebel, Marianne Kunz
Rhythmus, Klang und Reim
Lebendige Sprachförderung mit Liedern, Reimen und Spielen in Kindergarten, Grundschule und Elternhaus
ISBN (Buch): 978-3-936286-61-8
ISBN (CD): 978-3-936286-62-5

Sabine Hirler
Kinder brauchen Musik, Spiel und Tanz
Bewegt-musikalische Spiele, Lieder und Spielgeschichten für kleine und große Kinder
ISBN (Buch): 978-3-931902-28-5
ISBN (CD): 978-3-931902-29-2

Andrea Erkert
Das Stuhlkreisspiele-Buch
Bewegte und ruhige Spielideen zu jeder Zeit und zwischendurch
ISBN: 978-3-936286-26-7

Birgit Kasprik
Wi-Wa-Wunderkiste
Mit dem Rollreifen auf den Krabbelberg - Spiel- und Bewegungsanimation für Kinder ab einem Jahr
ISBN: 978-3-925169-85-4

Wolfgang Hering
Kunterbunte Bewegungshits
88 Lieder, Verse, Geschichten, leichte Hip-Hop-Stücke und viele Spielideen zum Mitmachen für Kids im Vor- und Grundschulalter
ISBN (Buch): 978-3-931902-90-2
ISBN (CD): 978-3-931902-91-9
ISBN (Playback-CD): 978-3-931902-95-7

Constanze Grüger
Bewegungsspiele für eine gesunde Entwicklung
Psychomotorische Aktivitäten für Drinnen und Draußen zur Förderung kindlicher Fähigkeiten
ISBN: 978-3-936286-00-7

Bettina Ried
Eltern-Turnen mit den Kleinsten
Anleitungen und Anregungen zur Bewegungsförderung von Kindern von 1-4 Jahren
ISBN: 978-3-925169-89-2

Monika Schneider
Gymnastik-Spaß für Rücken und Füße
Gymnastikgeschichten und Spiele mit Musik für Kinder ab 5 Jahren
ISBN (Buch inkl. CD): 978-3-931902-03-2

Kinder spielen Geschichte

Floerke + Schön

Markt, Musik und Mummenschanz

Stadtleben im Mittelalter

Das Mitmach-Buch zum Tanzen, Singen, Spielen, Schmökern, Basteln & Kochen

ISBN (Buch): 978-3-931902-43-8
ISBN (CD): 978-3-931902-44-5

H.E.Höfele, S. Steffe

Der wilde Wilde Westen

Kinder spielen Abenteurer und Pioniere

ISBN (Buch): 978-3-931902-35-3
ISBN (CD): 978-3-931902-36-0

Jörg Sommer

OXMOX OX MOLLOX

Kinder spielen Indianer

ISBN: 978-3-925169-43-4

Bernhard Schön

Wild und verwegen übers Meer

Kinder spielen Seefahrer und Piraten

ISBN (Buch): 978-3-931902-05-6
ISBN (CD): 978-3-931902-08-7

Im KIGA, Hort, Grundschule, Orientierungsstufe, offene Kindergruppen, bei Festen und Spielnachmittagen

Auf den Spuren fremder Kulturen

Die erfolgreiche Reihe aus dem Ökotopia Verlag

H.E. Höfele - S. Steffe

Kindertänze aus aller Welt

Lebendige Tänze, Kreis-, Bewegungs- und Singspiele rund um den Globus

ISBN (Buch): 978-3-936286-40-3
ISBN (CD): 978-3-936286-41-0

P. Budde, J. Kronfli

Regenwald & Dschungelwelt

In Spielen, Liedern, Bastelaktionen, Geschichten, Infos und Tänzen die faszinierende Welt der Regenwälder erleben

ISBN (Buch): 978-3-936286-96-0
ISBN (CD): 978-3-936286-97-7

Monika Rosenbaum

Pickadill & Poppadom

Kinder erleben Kultur und Sprache Großbritanniens in Spielen, Bastelaktionen, Liedern, Reimen und Geschichten

ISBN (Buch): 978-3-936286-11-3
ISBN (CD): 978-3-936286-12-0

WELTMUSIK FÜR KINDER

Kinderweltmusik im Internet

www.weltmusik-fuer-kinder.de

Comenius Siegel 2005

H.E. Höfele, S. Steffe

In 80 Tönen um die Welt

Eine musikalisch-multikulturelle Erlebnisreise für Kinder mit Liedern, Tänzen, Spielen, Basteleien und Geschichten

ISBN (Buch): 978-3-931902-61-2
ISBN (CD): 978-3-931902-62-9

Pit Budde, Josephine Kronfli

Wer sagt denn hier noch Eskimo?

Eine Reise durch das Land der Inuit mit Spielen, Liedern, Tänzen und Geschichten

ISBN (Buch): 978-3-936286-73-1
ISBN (CD): 978-3-936286-74-8

P. Budde, J. Kronfli

Panda – Orca – Känguru

Wie die wilden Tiere leben – Kinder begegnen Tieren aus aller Welt in Spielen, Liedern und Geschichten

ISBN (Buch): 978-3-86702-075-6

Und dazu der Tonträger

ISBN (CD): 978-3-86702-076-3

Hartmut E. Höfele

Europa in 80 Tönen

Eine multikulturelle Europareise mit Liedern, Tänzen, Spiele und Bräuchen

ISBN (Buch): 978-3-931902-87-2
ISBN (CD): 978-3-931902-88-9

Pit Budde, Josephine Kronfli

Hano Hanoqitho

Frühling und Osterzeit hier und anderswo

Ein internationaler Ideenschatz mit Spielen, Liedern, Tänzen, Geschichten, Bastelaktionen und Rezepten

ISBN (Buch): 978-3-936286-56-4
ISBN (CD): 978-3-936286-57-1

Susanne Steffe, Hartmut E. Höfele

Mit 80 Kindern um die Welt

So leben Kinder anderswo: Bunte Geschichten, Lieder und Spielaktionen

ISBN (Buch) 978-3-86702-052-7
ISBN (CD) 978-3-86702-053-4